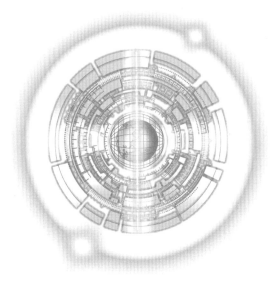

개벽의 시대와 환란의 시대

의식상승시리즈 15

개벽의 시대와
환란의 시대

우데카 지음

 빛의생명나무

4부. 격변의 시대

5부. 하늘이 하늘다운 이유

개벽의 시대와
격변의 시대

새장에 갇힌 새가 벽을 뚫고 날아가는 것을
파벽비거(破壁飛去)라고 합니다.

우물 안에 있던 개구리가
우물 밖을 나와서
새로운 의식으로 세상을 보는 것을
의식 혁명이라고 합니다.

창조주께서 무극의 자미원에서 대우주를 통치하는 시대를
선천(先天)의 시대라고 합니다.

창조주께서 지상의 자미원에서 대우주를 통치하는 시대를
후천(後天)의 시대라고 합니다.

선천의 하늘이 후천의 하늘로 바뀌는 것을
개벽(開闢)이라고 합니다.

하늘이 땅이 되고
땅이 새로운 하늘이 되는 것을
개벽이라고 합니다.

하늘의 모든 시스템들이
온전하게 땅으로 수도 이전을 하는 시기를
개벽이라고 합니다.

하늘이 선천의 하늘을 마감하기 위하여
지구 행성의 물질문명을 종결하는 시기를
개벽이라고 합니다.

하늘이 후천의 하늘을 열기 위하여
땅을 말고 땅을 펴는 대격변의 시기를
개벽이라고 합니다.

하늘이 새 하늘과 새 땅을 열기 위하여
지축이 정립되는 대격변의 시기를
개벽이라고 합니다.

하늘을 잃어버린 인류들에게
하늘 무서운 줄 알게 하기 위하여

하늘도 울고 땅도 우는 시기를
개벽이라고 합니다.

하늘을 잊어버린 인류들에게
하늘을 찾아주기 위하여
하늘이 천둥과 번개로 일하는 시기를
개벽이라고 합니다.

하늘이 대우주의 6주기를 마감하고
새로운 대우주의 7주기를
지구 행성에서 시작하는 것을
개벽이라고 합니다.

개벽의 시대는 대자연의 격변이 펼쳐지는 시기입니다.
개벽의 시대는 사회의 대격변이 펼쳐지는 시기입니다.
개벽의 시대는 지상의 자미원이 건설되는 시기입니다.

개벽의 시대는 선천의 물질문명이 종결되는 시기입니다.
개벽의 시대는 후천의 정신문명이 시작되는 시기입니다.
개벽의 시대는 하늘의 빛의 심판이 집행되는 시기입니다.

개벽의 시대는 재난과 환란의 시기입니다.
개벽의 시대는 아픔과 고통의 시기입니다.

개벽의 시대는 새 살이 돋아나기 위해
아픈 상처를 도려내는 시기입니다.

개벽의 시대는
물질 매트릭스들이 해체되고 철거되는 시기입니다.
개벽의 시대는
새로운 매트릭스들이 새롭게 설치되는 시기입니다.
개벽의 시대는
지구 행성의 새로운 영점 조정이 이루어지는 시기입니다.

창조주께서 육신의 옷을 입고 신정정치를 펼치는 때를
개벽의 시대라고 합니다.

창조주께서 육신의 옷을 입고
홍익인간(弘益人間)의 이념으로
이화세계(理化世界)를 펼치는 때를
개벽의 시대라고 합니다.

창조주께서 육신의 옷을 입고
일만 이천 도통군자들인
19차원의 하늘의 천사장들과 함께 펼치는 시대를
개벽의 시대라고 합니다.

창조주께서 육신의 옷을 입고
신녀 그룹과 신관 그룹들과 함께
지구 행성에서 우주를 통치하는 시기를
개벽의 시대라고 합니다.

창조주께서 육신의 옷을 입고
창조주를 보좌하는 12주영들과 함께
지상의 자미원을 펼치는 시기를
개벽의 시대라고 합니다.

창조주께서 육신의 옷을 입고
144,000의 빛의 일꾼들과 함께 펼치는 시대를
개벽의 시대라고 합니다.

창조주께서 육신의 옷을 입고
인간의 옷을 입은 천사들과 동행하는 시대를
개벽의 시대라고 합니다.

개벽의 시대는 창조주의 시대를 말합니다.
개벽의 시대는 창조주의 권능이 펼쳐지는 시대를 말합니다.
개벽의 시대는 대우주의 주재자인
창조주의 실체가 드러나는 시대를 말합니다.

개벽의 시대는
하늘의 실체가 드러나는 시대입니다.
개벽의 시대는
후천의 새로운 하늘이 정착하는 시기입니다.
개벽의 시대는
하늘과 인간이 동행을 준비하는 시기입니다.

개벽의 시대에 초대된 하늘 사람들에게
그때가 시작되었음을 우데카 팀장이 전합니다.

2022년 6월
우데카

제1부

지구 행성의 차원상승

지구 행성의 차원상승의 시작은 물질문명의 붕괴입니다.

지구 행성의 차원상승의 간이역은 역장의 설치와 운영입니다.

지구 행성의 차원상승의 중간역은 화려한 정신문명의 꽃입니다.

지구 행성의 차원상승의 종착역은

창조주께서 펼치시는 자미원의 건설입니다.

바람의 소리를 전합니다

❶ 하늘의 소식편

아픔의 세월이 시작되고 있음을 전합니다.
축복의 시간이 시작되고 있음을 전합니다.

하늘에 대한 분노의 시간이 시작되고 있음을 전합니다.
하늘에 대한 원망의 시간이 시작되고 있음을 전합니다.

아무것도 모르는 채
지금 무슨 일이 일어나고 있는지도 모르는 채
의식이 잠들어 있는 인류에게
슬픔과 고통의 시간이 시작되었음을 전합니다.

아무도 모르게 아무도 모르게
하늘은 하늘 스스로 정한 길을 땅에서 펼쳐 보일 것입니다.

아무도 모르게 아무도 모르게
하늘은 하늘이 일하는 방식에 의해
천둥과 번개를 통하여 땅에서 펼쳐 보일 것입니다.

하늘의 일이 하늘에서 온전하게 이루어진 것처럼
하늘의 뜻이 땅에서 한 치의 오차없이 펼쳐질 것입니다.

바람이 불고 있습니다.
대자연의 변화를 알리는 변화의 바람이 불고 있습니다.
이별을 재촉하는 바람이 불고 있습니다.

바람이 불고 있습니다.
대자연의 격변을 알리는 바람이 불고 있습니다.
그때가 되면 신발 한 짝 신을 시간조차 없을 거라고
인류의 의식을 깨우기 위해 바람이 불고 있습니다.

아무것도 모르는 채 의식이 깨어나지 못한 사람들의
분노와 원망과 절망과 통곡의 소리가
희망과 축복이라는 것을 알 때까지
나는 바람으로 그대들의 의식을 깨우고 또 깨울 것입니다.

나는 하늘과 땅 사이를 불고 있는 바람입니다.
나는 하늘의 소식을 땅에 전하는 바람입니다.
나는 상처가 있는 곳에 새살을 돋게 하는 바람입니다.

나는 하늘과 땅을 연결해주고 있는 바람입니다.
나는 아픔과 슬픔이 있는 곳에 희망을 주는 바람입니다.
나는 분노와 원망이 있는 곳에 용서와 화해의 빛을 주는 바람입니다.

나는 하늘과 땅 사이에 불고 있는 바람입니다.
나는 하늘의 소식을 전하는 전령입니다.
나는 개벽의 시대를 알리는 바람입니다.

나는 인류의 의식을 깨우는 바람입니다.
나는 인류의 의식을 깨우는 소울음 소리입니다.
나는 인류의 의식을 깨우는 빛입니다.

나는 바람입니다.
나는 아픔의 시간이 오고 있음을 알리는 바람입니다.
나는 고통의 시간이 오고 있음을 알리는 바람입니다.
나는 대자연의 변화가 쓰나미처럼 오고 있음을 알리는 바람입니다.

나는 바람입니다.
나는 당신 옆에서 당신이 사랑하고 있는 모든 것들이 무너지는 것을
가슴을 닫고 지켜볼 수밖에 없는 바람입니다.

나는 바람입니다.
나는 당신의 절망이 희망으로 바뀔 때까지
가슴을 닫고 지켜볼 수밖에 없는 바람입니다.

나는 바람입니다.
우리에게 닥친 아픔과 슬픔이
우리 모두의 축복이 될 것이라는 것을
가슴을 닫고 지켜볼 수밖에 없는 바람입니다.

나는 바람입니다.
세상은 바람 불고 시끄럽습니다.
세상은 여전히 바람 불고 어지럽습니다.

더 춥고 더 강한 바람이 불어올 것을 알리는 바람입니다.

나는 바람입니다.
나는 하늘의 소식을 전하는 바람입니다.
세상 모든 만물들에게 하늘의 소식을 전하는 바람입니다.

나는 바람입니다.
지금은 당신의 옷깃을 여미는 바람으로 불고 있지만
세상 모든 것들을 모두 제자리로 돌려놓기 위한
큰 바람이 불기 시작했음을 알리는 바람입니다.

나는 바람입니다.
나는 당신들이 걸치고 있는 모든 거추장스런 옷들을
다 벗어 내던질 때까지 눈보라와 함께 오고 있는 바람입니다.

나는 바람입니다.
나는 당신들이 소중하게 여기는 모든 것들을
다 태우고도 남을 활화산과 함께 오고 있는 바람입니다.

나는 바람입니다.
새 하늘과 새 땅의 시작을 알리는 바람입니다.

나는 바람입니다.
하늘이 땅으로 내려왔음을 알리는 바람입니다.

나는 바람입니다.
우주의 새로운 주기가 시작되었음을 알리는 바람입니다.

나는 바람입니다.
이제 곧 아픔이 올 거라고
이제 곧 고통이 올 거라고
이제 곧 하늘이 땅을 말고 하늘이 땅을 펴는 시기가
올 것을 알리는 바람입니다.

나는 바람입니다.
나는 대자연의 변화를 알리는 바람입니다.
나는 대자연의 격변의 때를 알리는 바람입니다.

나는 바람입니다.
나는 사회의 변화를 알리는 바람입니다.
나는 혼란과 혼돈의 그때가 시작되었음을 알리는 바람입니다.

나는 바람입니다.
나는 하늘의 소식을 땅에 전하는 전령입니다.

나는 바람의 여왕입니다.
나는 하늘의 소식을 땅에 전하는 바람의 여왕입니다.
나 바람의 여왕이 우데카 팀장님을 통하여
하늘의 소식을 전합니다.

바람의 소리를 전합니다
❷ 지구 행성의 차원상승

나는 바람입니다.
지구 행성의 자연의 변화가 시작되었음을 알리는 바람입니다.
대우주의 축제가 시작되었음을 알립니다.
모든 것이 무너질 것이라고
모든 것이 사라질 것이라고
모든 것이 달라질 것이라고
모든 것이 교정될 것이라고
모든 것이 제자리로 돌아가야 할 때라고
인류가 한 번도 경험하지 못한 대변화가
보이지 않는 세계에서는 이미 시작되었음을 전합니다.

나는 바람입니다.
지구 차원상승의 축제가 시작되었음을 알리는 바람입니다.

나는 바람입니다.
지상에 있는 모든 식물과
지상에 있는 모든 동물들에게 변화를 알리는 바람입니다.

나는 바람입니다.
의식이 잠들어 있는 인류들에게 그때가 시작되었음을 알리는
바람입니다.

새 하늘과 새 땅을 열기 위한
하늘과 땅의 시절인연이 도래하였음을 알리는 나는
대자연의 바람의 정령입니다.

인류의 의식의 깨어남을 위해
당신의 뺨을 스치고
당신의 바지자락을 붙잡고
당신의 머리를 휘날리게 하고
당신의 가슴에 한 줄기 희망의 빛을 전하는
나는 하늘의 황금나팔 소리입니다.

나는 바람입니다.
나는 천사들의 전체의식입니다.
영혼의 물질 체험을 위해
영혼의 공부와 영적 진화를 위해
잠시 대우주의 전체의식에서 벗어나 있는 인류들에게
변화의 때를 알리는 바람입니다.
아프고 아픈 세월이 지나고 나면
고통과 절망의 세월을 겪고 나면
인류 역시 대우주의 전체의식과 함께할 것입니다.

나는 바람입니다.
우리는 하늘의 전체의식입니다.

그날이 시작되었음을 전합니다.

의식이 깨어나고 있는 하늘 사람들에게
의식이 깨어나고 있는 빛의 일꾼들에게
시절인연을 알리는 나는 바람입니다.

가슴이 아파옵니다.
지금 무슨 일이 일어나고 있는지 아는 인자가 없을 것입니다.
왜 이런 일이 일어나고 있는지 아는 인자가 없을 것입니다.
앞으로 무슨 일이 더 일어날 것인지
앞으로 지구 행성이 어떻게 될 것인지 아는 인자가 없을 것입니다.

아무것도 모르는 채
인류들은 물질이 주는 안락함과 풍요로움에 취해 있습니다.
아무것도 모르는 채
인류들은 하늘이 펼쳐놓은 천라지망(天羅地網)에 갇혀 있습니다.
나는 바람입니다.
가슴이 아프고 아픕니다.
지금의 인류의 의식 수준으로는
우주의 진리를 받아들일 준비가 되어 있지 않습니다.

변화의 바람이 불고 있습니다.
약속의 시간을 알리는 바람이 불고 있습니다.
250만년 전 지구 행성에 입식되어 올 때
모든 영혼들과 창조주 사이의 언약이 이루어지는 신성의 시간입니다.
물질문명의 모든 토대들이 붕괴될 것입니다.

신에 대한 두려움과
신에 대한 죄의식에 기반을 둔 종교들이
대자연의 변화 앞에 속수무책 무너져 내릴 것입니다.
두려움과 공포가 쓰나미처럼
인류들의 의식을 급격히 떨어뜨리게 될 것입니다.

나는 바람입니다.
모든 것이 무너져 내리는 현실 앞에
한 치 앞도 보이지 않는 현실 앞에
삶과 죽음의 경계를 넘나드는 공포 속에서
살아남은 자들이 죽은 자들을 부러워할 것입니다.
그때가 시작되었음을 알리는 나는 바람입니다.

교정의 시간이 시작되었음을 전합니다.
살아남은 인류들에게는 교정의 시간들이 주어질 것입니다.
자신의 죽음을 눈치챈 짐승들이
발버둥치며 울부짖다 지쳐 숨을 헐떡거리듯
인류들은 생존이 위협받는 극한상황으로 내몰릴 것입니다.

자신의 신념들을 포기하지 못해
자신의 믿음들을 포기하지 못해
신음과 고통 속에 내던져질 것입니다.
자신의 믿음을 완성하기 위해
자신의 신념을 지키기 위해
배고픔과 추위 속에서 기도를 하다 잠들게 될 것입니다.

당신이 옳다고 믿고 있었던 것들은
모두 무너져 내릴 것입니다.
당신이 가진 모든 것을 다 잃고
망연자실 절망 속에 빠져
하늘을 원망하고
하늘을 향한 분노를 내뱉을 때
한 줄기 시원한 바람으로
당신의 등줄기에 맺힌 식은땀을 식혀줄 나는 바람입니다.

이것은 하늘의 심판이 아닙니다.
지구 행성의 차원상승을 위한 물질문명의 종결입니다.
물질문명의 붕괴 후
새로운 고차원의 과학기술 문명이 역장(안전지대) 안에서
하늘에서 준비한 빛의 일꾼들에 의해
화려한 새로운 문명의 꽃이 필 것입니다.

고도의 물질문명을 기반으로 한 정신문명이
한반도를 중심으로 전세계에 펼쳐질 것입니다.
이 기쁜 하늘의 소식을 전하는 나는 하늘의 전령입니다.

저항하지 말라고
더 이상 고집 피우지 말라고
더 이상 아파하지 말라고
더 이상 슬퍼하지 말라고
아픈 교정의 시간이 지나고 나면

추위와 배고픔의 세월이 지나고 나면
참 많은 이별들을 겪고 나면
새살이 돋듯
새 희망이 돋아날 것입니다.

모든 아픔과 모든 상처가 치유되기 전에
새 술을 새 부대에 담듯
새 하늘과 새 땅이
단지파의 고향인 한반도를 중심으로 펼쳐질 것입니다.

지구 행성의 차원상승의 시작은 물질문명의 붕괴입니다.
지구 행성의 차원상승의 간이역은 역장의 설치와 운영입니다.
지구 행성의 차원상승의 중간역은 화려한 정신문명의 꽃입니다.
지구 행성의 차원상승의 종착역은
창조주께서 펼치시는 자미원의 건설입니다.

하늘의 뜻을
창조주의 새로운 언약을
나 바람의 여왕이
우데카 팀장님을 통하여 전합니다.

한 줄기 빛 (만변정기의 빛)

인간의 생각은 쉽게 바뀌지 않습니다.
인간의 생각을 바꾸려면 하늘의 한 줄기 빛이 필요합니다.
이 빛은 사람의 생각을 전환시키는 빛이며
창조주로부터 오는 한 줄기 빛입니다.

인간의 마음은 흔들리는 갈대입니다.
사람의 흔들리는 마음을 바로잡고 중심을 잃지 않기 위해서는
하늘의 한 줄기 빛이 필요합니다.
이 빛은 균형의 빛이며 조화의 빛이며
창조주로부터 오는 한 줄기 빛입니다.

인간의 성격은 쉽게 바뀌지 않습니다.
고집이 세고 남의 말을 잘 듣지 않는 사람의 성격이 바뀌려면
하늘의 빛 한 줄기가 반드시 필요합니다.
이 빛은 사람의 에고를 정화하는 빛이며
창조주로부터 오는 한 줄기 빛입니다.

인간의 운명은 쉽게 바뀌지 않습니다.
사람의 팔자는 쉽게 바뀌지 않습니다.
인간의 운명을 바꾸려면 하늘의 한 줄기 빛이 있어야 합니다.

이 빛은 사람의 운명을 바꾸는 빛이며
창조주로부터 오는 한 줄기 빛입니다.

불치병과 난치병의 질병을 치유하기 위해서는
이적과 기적의 병 치유를 위해서는
그 사람의 카르마를 해소할 수 있는
하늘의 빛 한 줄기가 있어야 합니다.
이 빛을 카르마 해소의 빛이라 하며
창조주로부터 오는 한 줄기 빛입니다.

늙어가는 사람을 회춘시키기 위해서는
죽어가는 사람의 생명을 연장시키기 위해서는
하늘의 빛 한 줄기가 반드시 있어야 합니다.
이 빛은 삶을 연장하는 빛이며 생명을 연장하는 빛이며
연장된 삶만큼의 삶의 프로그램을 승인하는 빛이며
창조주로부터 오는 한 줄기 빛입니다.

죽을 사람을 살리기 위해서는
죽은 사람을 부활시키기 위해서는
하늘의 빛 한 줄기가 반드시 있어야 합니다.
이 빛은 부활의 빛이며 생명의 빛이며
창조주로부터 오는 한 줄기 빛입니다.

창조주의 빛 한 줄기는 운명을 결정하는 빛이며
생사를 결정하는 빛이며 이적과 기적의 빛이며

모든 것을 한순간에 바꿀 수 있는 빛입니다.

하늘은 빛으로 일합니다.
천사들은 빛으로 일합니다.
하늘 일을 하는 하늘 사람들을 빛의 일꾼이라 합니다.
빛의 일꾼들 역시 하늘의 빛을 사용하는 사람들입니다.
빛의 일꾼들 역시 하늘의 빛으로 일하는 사람들입니다.

하늘은 빛으로 일합니다.
하늘은 빛의 시스템으로 이루어져 있습니다.
모든 빛의 근원은 창조주입니다.
창조주 역시 빛으로 일합니다.
지상으로 내려온 창조주의 빛으로 인하여
이 땅에 빛의 시대가 시작되었음을 전합니다.
지상으로 내려온 창조주의 빛으로 인하여
창조주의 시대가 시작되었음을 전합니다.

지상으로 내려온 창조주의 중심의식의 빛이
지구 행성을 모두 감싸고 있습니다.
지상으로 내려온 창조주의 중심의식의 빛이
지구 행성에 온전하게 정박하였습니다.
지상으로 내려온 창조주의 중심의식의 빛은
창조주의 시대를 여는 빛입니다.
지상으로 내려온 창조주의 중심의식의 빛은
인황의 시대를 알리는 빛이며

새 하늘과 새 땅을 여는 빛이며
영성의 시대를 여는 빛이며 개벽을 알리는 빛입니다.

지상으로 내려온 창조주의 중심의식의 빛은
후천의 시대를 여는 빛이며 자미원을 여는 빛이며
용화세계와 지상천국의 세계를 여는 빛입니다.

빛의 시대가 시작되었음을 전합니다.
빛의 일꾼들의 시대가 시작되었음을 전합니다.
창조주의 빛에 순응하는 자는 빛의 시대에 함께할 것임이라
창조주의 빛에 순응하지 못하는 자는
지구 행성을 떠나가게 될 것임이라

창조주의 한 줄기 빛에 인 맞은 자는 크게 성장할 것이며
창조주의 한 줄기 빛에 인 맞지 않은 자는 썩어가게 될 것이라
창조주의 빛에 순응한다는 것은 하늘과 함께한다는 것이고
창조주와 함께 미래를 걷는다는 것을 의미합니다.

창조주의 빛 한 줄기에 의해
대우주의 후천의 하늘이 열릴 것임을 전합니다.
창조주의 빛에 의해 창조주의 시대가 시작되었음을 전합니다.

인황의 빛 한 줄기에 의해
석고웅성과 함께 온 세상으로 울려 퍼지리라
인황의 빛에 의해 인황의 시대가 시작되었음을 전합니다.

정신문명을 열기 위해
하늘이 준비한 빛 ❶

땅에 있는 모든 것은 하늘에서 온 것입니다.
땅에 있는 모든 것은 창조주의 의식에서 펼쳐진 것입니다.
땅에 있는 의식이 있는 모든 존재들은
창조주의 의식 안에서 지금 마음껏 뛰어놀고 있는 중입니다.

무극에서 행성으로 공급되는 빛의 성질에 의해
행성의 물질문명의 성격이 결정됩니다.

무극에서 행성으로 공급되는 빛의 성질에 의해
행성의 정신문명의 성격이 결정됩니다.

하늘에서 행성으로 공급되는 빛의 스펙트럼에 의해
행성에 펼쳐지는 문명과 문화의 다양성이 결정됩니다.

하늘에서 행성으로 공급되는 빛의 진동수의 차이에 의해
행성의 물질문명과 정신문명의 차원이 결정됩니다.

눈에 보이는 세계는
눈에 보이지 않는 세계에서 결정이 이루어집니다.

지구 행성은 약 50만년 동안 어둠의 행성으로 운영하기 위해

무극에서 낮은 진동수를 가진 빛이
지금까지 지구 행성으로 공급되어 왔습니다.

2021년 2월 1일 밤 10시 무극에서 출발한
18차원의 진동수를 가진 빛이
태극과 삼태극의 전환장치를 거쳐
밤 11시에 처음으로 지구 행성에 도착하였습니다.

2021년 2월 1일 밤 11시에 지구 행성에 도착한
18차원의 빛은 다음과 같습니다.

첫번째 빛의 특징
양극성이 강한 빛에서
양극성이 서로 조화를 이룰 수 있도록 하는 빛이
지구 행성에 들어오기 시작했습니다.
양극성이 강한 빛이 지구 행성으로의 유입이 종결되면서
지구 행성은 어둠의 행성에서 빛의 행성으로 전환되는 속도가
빨라지게 될 것입니다.

이 빛이 유입되면서 지구 행성은
극단적인 대립이나 극단적인 투쟁이 일어나는 것보다는
서로가 서로를 이해할 수 있고
서로가 서로를 포용할 수 있는 행성으로
변하게 될 것입니다.

이 빛이 유입되면서 왜 싸우는지도 모르고 싸우고 있으며
서로를 인정하지 못해 대화와 타협이 실종된 극단적 대결구도에서
조금씩 벗어나기 시작할 것입니다.

두번째 빛의 특징

지금까지 지구 행성에 들어오던 빛은
지구 행성의 4차원 물질문명에 최적화된 빛입니다.
지금까지 지구 행성에 들어오던 빛은
지구 행성의 진화 로드맵인 23코드에 맞추어진 빛입니다.
지금까지 지구 행성에 들어오던 빛은
지구 행성을 어둠의 행성과 감옥행성으로 만들어준 빛입니다.
지금까지 지구 행성에 들어오던 빛은
인류의 의식을 깨어나지 못하게 했던 빛입니다.

2021년 2월 1일 밤 11시에 지구 행성에 들어온 빛은
지구 행성을 4차원의 물질문명에서 6차원의 정신문명으로
전환시켜주기 위해 들어오는 빛입니다.
지구 행성이 지축의 정립 이후 6차원의 정신문명을 열 수 있도록
과도기에 맞는 빛입니다.

이 빛은 지구 행성의 진화 로드맵을
23코드에서 32코드로 전환시켜 주는 빛입니다.
지구 행성이 본격적인 6차원 정신문명이 되었을 때는
행성의 물질문명과 정신문명의 차원을 결정하는 이 빛이
지금처럼 한 단계 앞서서 먼저 업그레이드될 예정입니다.

세번째 빛의 특징

지구 행성은 약 50만년 동안 우주의 카르마를 해소하기 위한
우주의 감옥행성으로 운영되어 왔습니다.
지구 행성은 빛을 잃고 어둠의 에너지로 뒤덮힌
어둠의 행성이었습니다.
지구 행성은 사랑을 잃어버린 행성이었습니다.
지구 행성은 양심을 잃어버린 행성이었습니다.

2021년 2월 1일 밤 11시
무극을 떠나 지구 행성에 처음으로 들어온 빛에는
잃어버린 사랑을 회복시켜주는 빛이 들어 있습니다.
이 사랑의 빛으로 인하여 인류의 의식은 깨어나게 될 것입니다.
이 사랑의 빛으로 인하여
인류는 새로운 의식의 도약을 하게 될 것입니다.

이 빛은 자신을 반성하고
자기를 복기하는 빛으로 작용하게 될 것입니다.
이 빛은 잃어버린 양심을
회복시켜주는 빛으로 작용하게 될 것입니다.
이 빛은 잃어버린 가치들을
회복시켜주는 빛으로 작용하게 될 것입니다.
이 빛은 잃어버린 진실들을
회복시켜주는 빛으로 작용하게 될 것입니다.
이 빛은 물질문명에 찌들어 살면서 잃어버렸던 정신적 가치들을
회복시켜주는 빛으로 작용하게 될 것입니다.

눈에 보이는 세계는
눈에 보이지 않는 세계에서 먼저 준비가 되어야 합니다.

지구 행성의 물질문명을 종결하고
새로운 정신문명을 열기 위한 하늘의 준비 과정이
하늘이 일하는 방식에 의해 진행 중에 있음을 전합니다.

지구 행성에 새로운 정신문명을 펼치기 위해
하늘의 빛이 지구 행성에 들어오고 있음을 전합니다.

정신문명을 열기 위해
하늘이 준비한 빛 ❷

땅에 있는 모든 것은 하늘에서 온 것입니다.
땅에 있는 모든 것은 창조주의 의식에서 펼쳐진 것입니다.

땅에 있는 의식이 있는 모든 존재들은
창조주의 의식 안에서 지금 마음껏 뛰어놀고 있는 중입니다.

무극에서 행성으로 공급되는 빛의 성질에 의해
행성의 물질문명의 성격이 결정됩니다.

무극에서 행성으로 공급되는 빛에 성질에 의해
행성의 정신문명의 성격이 결정됩니다.

하늘에서 행성으로 공급되는 빛의 스펙트럼에 의해
행성에 펼쳐지는 문명과 문화의 다양성이 결정됩니다.

하늘에서 행성으로 공급되는 빛의 진동수의 차이에 의해
행성의 물질문명과 정신문명의 차원이 결정됩니다.

눈에 보이는 세계는
눈에 보이지 않는 세계에서 결정이 이루어집니다.

지구 행성을 약 50만년 동안 어둠의 행성으로 운영하기 위해
무극에서 낮은 진동수를 가진 빛이
지금까지 지구 행성으로 공급되어 왔습니다.

2021년 1월 18일 무극에 계시는 창조근원에 의해서
어둠의 행성으로 봉인되었던
지구 행성의 모든 봉인이 해소되었습니다.

지구 행성을 빛의 행성으로 전환하기 위한
보이지 않는 세계에서 하늘의 준비 과정이 본격화되었습니다.
지구 행성에 새로운 정신문명을 열기 위한
진동수 높은 빛들이 유입되고 있습니다.
지구 행성에 자미원을 열기 위한 18차원의 진동수를 가진 빛이
태극과 삼태극의 전환장치를 거쳐
지구 행성에 유입되기 시작하였습니다.

2021년 2월 2일 오후 11시
무극으로부터 4번째 빛이 들어오기 시작하였습니다.
2021년 2월 3일 오후 7시부터
지구 행성에 살고 있는 인류에게 공급되었습니다.

네번째 빛의 특징
심장의 봉인을 풀어주는 빛입니다.
영혼에게는 봉인이 풀리는 축복의 빛입니다.
생명체에게 축복을 주는 빛입니다.

영혼이 생명체의 외투를 입는 순간
영혼이 인간의 육신을 입는 순간
4차원의 물질세계에 맞는 진동수에 영혼이 갇히게 됩니다.

영혼은 인간의 육신을 입고 태어나는 순간
영혼은 4차원의 낮은 진동수의 영의식만을 발현할 수 있도록
많은 부분들이 봉인됩니다.

무극에서 들어온 4번째 빛은 심장의 봉인을 풀어주는 빛입니다.
심장의 봉인 해소로 인하여
지금보다 높은 진동수를 가진 영의식을
인간에게 공급할 수 있습니다.

다섯번째 빛의 특징
2021년 2월 3일 오전 6시 무극으로부터
영의 진동수를 높여주는 빛이 들어왔습니다.
이 빛은 영혼에게는 해방을 상징하며 축복을 상징합니다.
이 빛으로 인하여 영혼이 높은 진동수를 가진 영의식을
생명체에게 발현할 수 있게 되었습니다.

영혼들이 높은 진동수를 가진 영의식을 발산할 수 있도록
하늘의 천사들이 인간의 몸에 들어와서
영의식 발현장치와 인간의 생명회로도를 업그레이드하는 작업이
2021년 2월 3일부터 5일까지 3일 동안 진행되었습니다.

2021년 2월 6일부터
지구 행성에 살고 있는 영혼을 가진 모든 생명체들은
지금보다 높은 의식을 구현할 수 있게 되었습니다.

여섯번째 빛의 특징
2021년 2월 3일 오후 12시
무극에 계시는 창조근원으로부터
우주에서 가장 어둠이 짙은 지구 행성에서
수십만년에서 250만년 동안 수고한 모든 영혼들에게
감사와 위로를 전하는 빛이 수여되었습니다.

여섯 번째 이 빛은 영혼에게는 해방을 뜻하는 빛이며
수료와 졸업장의 의미를 가지고 있는 빛입니다.
심장의 봉인 해제와 함께 영에 인증서가 새겨졌습니다.
영혼이 다음 단계의 진화를 시작해도 좋다는 승인의 빛입니다.

영혼들은 창조주의 이 빛 한 줄기를 받기 위해
우주에서 인간이 살기 가장 힘들다는 지구 행성에서
수십만년에서 250만년까지 고생하였습니다.

이 빛은 지구 행성에서 펼쳐질
고차원의 정신문명을 열 수 있게 하는 자격증이 주어진 것입니다.

이 빛은 외계 행성에서 온 영혼들이
자신의 고향별로 돌아갈 수 있게 하는 해방을 상징하는 빛입니다.

이 빛은 지구 행성 영단 소속 영혼들에게는
지구 행성에서 새 하늘과 새 땅에 들어올 수 있는
인증서의 역할을 하게 될 것입니다.

이 빛은 하늘에서 땅으로 내려온 천사들에게는
하늘로 복귀해도 좋다는 인증서의 역할을 하게 될 것입니다.

눈에 보이는 세계는
눈에 보이지 않는 세계에서 먼저 준비가 되어져야 합니다.

지구 행성에 물질문명을 종결하고
새로운 정신문명을 열기 위한 하늘의 준비 과정이
하늘이 일하는 방식에 의해 진행 중에 있음을 전합니다.

지구 행성에 새로운 정신문명을 펼치기 위해
하늘의 빛이 지구 행성에 들어오고 있음을 전합니다.

당신은 모르실거야
하늘이 준비한 마지막 때

당신은 모르실거야
하늘이 어떻게 물질문명을 종결하기 위해 준비하고 있는지
당신은 모르실거야

빛과 어둠의 영적 전쟁이
하늘에 의해 얼마나 치밀하게 준비되고 있는지
당신은 모르실거야

하늘이 마지막 때를 위해
얼마나 많은 어둠의 일꾼들을 준비하고 있는지
당신은 모르실거야

빛과 어둠의 영적 전쟁을 위해
하늘이 얼마나 많은 어둠의 일꾼들에게
활동을 개시하라는 명령을 내렸는지를
당신은 모르실거야

하늘이 설치하고 운영해오던 경제 매트릭스를 붕괴시키기 위해
하늘에서 준비한 어둠의 일꾼들과 어둠의 정부가
물밑에서 얼마나 바쁘게 움직이고 있는지
당신은 모르실거야

하늘이 설치하고 운영해오던 종교 매트릭스의 붕괴를 위해
어둠의 일꾼과 어둠의 정부가
하늘에 의해 치밀하게 짜여진 프로그램에 의해
얼마나 일사불란하게 움직이고 있는지
당신은 모르실거야

하늘이 의료 매트릭스를 붕괴시키기 위해
항생제와 해열제와 진통제도 듣지 않으며 원인도 알 수 없는
비전염성 괴질을 얼마나 치밀하게 준비하고 있는지
당신은 모르실거야

하늘이 자기장 문명인 지구 행성의 물질문명을 종결하기 위해
자기장과 태양을 얼마나 정교하게 관리하고 있는지
당신은 모르실거야

하늘이 지구 행성의 물질문명을 종결시키기 위해
대지진과 대공황을 얼마나 치밀하게 준비하고 있는지
당신은 모르실거야

하늘이 살 사람은 반드시 살리기 위해 얼마나 많은 애를 쓰고 있는지
당신은 모르실거야

하늘에서 죽기로 예정된 사람을 반드시 죽게 하기 위해
얼마나 많은 애를 쓰고 있는지
당신은 모르실거야

하늘이 지구 행성을 떠나게 될 식물과 동물들과 어류들을
철수시키기 위해 얼마나 많은 천살들이 준비되고 있는지
당신은 모르실거야

하늘이 아무도 모르게 아무도 모르게
지구 행성의 문명을 종결시키기 위해
문명 종결의 막이 가동되기 시작했다는 것을
당신은 모르실거야

빛과 어둠의 치열한 영적 전쟁의 과정에서
얼마나 많은 빛의 일꾼들의 의식이
무더기로 깨어나기로 예정되어 있는지
당신은 모르실거야

하늘이 당신을 얼마나 사랑하는지
당신은 모르실거야
하늘이 당신을 사랑하면 사랑할수록
당신의 삶이 힘들어진다는 것을
당신은 모르실거야

하늘이 얼마나 한민족을 사랑했는지
당신은 모르실거야
하늘이 한민족의 의식을 확장시키기 위해
얼마나 많은 시련과 고통을 주었는지를
당신은 모르실거야

자신이 천손민족인 줄도 모르고
마지막 때에 이렇게 분열되어 있는 한민족에게
마지막 때에 이렇게 많이 물질화되어 있는
한민족의 의식을 깨우기 위해
한민족에게 얼마나 많은 고통과 시련들이 준비되어 있는지
당신은 모르실거야

한민족의 의식을 하나로 모으기 위해
하늘이 어떻게 북한 정부를 붕괴시키고 새로운 판을 짜고 있는지
당신은 모르실거야
북한 주민들이 남한으로 피난을 내려올 때까지
한민족은 아무것도 눈치채지 못한 채
좌파와 우파로 나누어서 편가르기를 멈추지 않을 것입니다.

당신은 모르실거야
한민족의 의식을 깨우기 위한 하늘의 계획을 알지 못한 채
보수와 진보로 나뉘어
서로의 심장을 향해 화살을 겨누고 있습니다.

당신은 모르실거야
박근혜 대통령 탄핵 사건을 통해
알맹이와 쭉정이를 구분하고
잠자고 있는 한민족의 의식을 깨우기 위해
하늘이 얼마나 치밀하게 프로그램을 진행하고 있는지
당신은 모르실거야

정의의 함정에 빠져있는 한민족의 의식을 깨우기 위해
짙은 어둠의 성향을 가진
어둠의 일꾼들의 맹활약이 시작되었음을
당신은 모르실거야

원시반본이라
창조주의 에너지를 가장 많이 가지고
지구 행성에 처음 문명을 열었던
천손민족인 한민족의 아픔과 슬픔과 고통이 준비되어 있음을
당신은 모르실거야

인류의 문명을 종결짓기 전에
한민족의 의식과 인류의 의식을 깨우기 위해
하늘은 최선을 다하고 있습니다.

당신은 모르실거야
하늘이 어떻게 미국을 분열시키고
어떻게 미국의 마지막 순간이 준비되어 있는지
당신은 모르실거야
하늘이 어떻게 중국을 분열시키고
얼마나 참혹한 일들이 중국에서 준비되고 있는지
당신은 모르실거야

하늘이 왜 땅으로 내려왔는지
당신은 모르실거야

하늘이 땅으로 내려오는 과정이 얼마나 어려웠는지
당신은 모르실거야
땅으로 내려온 창조주께서 지금 무엇을 하고 있는지
당신은 모르실거야

하늘이 어떻게 개벽을 준비하고 있는지
당신은 모르실거야
지상으로 내려오신 창조주께서
어떻게 한반도에 아보날의 수여를 준비하고 있는지
당신은 모르실거야

하늘이 어떻게 새 하늘과 새 땅을 준비하고 있는지
당신은 아무것도 모르는 채
사람의 마음을 얻기 위해
너무 많은 애들을 쓰고 있습니다.

당신은 아무것도 모르는 채
하늘의 마음을 얻기 위해
너무나 많은 기도를 하고 있습니다.

당신은 아무것도 모르는 채
이 글을 읽고 있으며
당신은 아무것도 모르는 채
이 글을 듣고 있습니다.

귀 있는 자는 아마겟돈의 상황에서
하늘의 소리를 듣고
잃어버린 하늘을 되찾게 될 것입니다.
눈 있는 자는 마지막 때에 펼쳐지는 참혹한 상황 속에서
잃어버린 하늘을 찾게 될 것입니다.

당신은 모르실거야
마지막 때에 하늘이 하늘 사람인 당신을 위해
얼마나 많은 프로그램들이 준비되어 있는지
당신은 모르실거야
마지막 때에 한 사람의 빛의 일꾼을 만들기 위해
얼마나 많은 에너지를 쓰고 있는지
당신은 모르실거야

시절인연이 있는
빛의 일꾼들과 하늘 사람들의 건승을 빕니다.

시간의 밀도

시간은 누구에게나 똑같이 공평하게 흐릅니다.
시간은 같은 차원과 같은 공간 속에서는 똑같이 흐릅니다.

시간은 공간 속을 흐르는 시간 입자의 속도에 의해 결정됩니다.
시간은 공간 속을 흐르는 시간 입자의 성질에 의해 결정됩니다.

같은 하늘 같은 시간 속에서 같은 것을 경험하는 사람들이 느끼는
시간의 흐름은 다릅니다.

같은 하늘 같은 시간 속에서 똑같은 것을 체험을 해도
누구는 지루하게 느끼고
누구는 재미있게 느끼는 사람들이 있습니다.

사랑하는 사람과 함께하는 한 시간은 매우 빠르게 느껴집니다.
불편한 사람과 함께하는 한 시간은 너무 지루하게 느껴집니다.

좋아하는 일을 할 때는 정말 시간이 빨리 감을 느끼는데
이것을 시간의 주관성이라고 합니다.

같은 시간 안에 많은 것들을 체험할 때는
시간을 빠르게 느낍니다.

같은 시간 안에 많은 것들을 체험할 때를
'시간의 밀도가 높다'라고 합니다.

시간의 밀도가 낮을수록 재미가 없고 지루하게 느껴집니다.
시간의 밀도가 낮을수록 시간이 느리게 간다고 느낍니다.
시간의 밀도가 낮을수록 시간을 낭비하고 있다고 느낍니다.

시간의 밀도가 높을수록 경험하는 것이 많아집니다.
시간의 밀도가 높을수록 시간이 빠르게 간다고 느낍니다.
시간의 밀도가 높을수록 보람있게 살고 있다고 느낍니다.

시간의 밀도가 높은 때는 전쟁을 겪을 때입니다.
시간의 밀도가 가장 높은 때는 사회적 격변이 있을 .때입니다.
시간의 밀도가 최고로 높을 때는
자연재해와 사회변동이 급격하게 일어날 때입니다.

시간의 밀도가 높다는 것은
짧은 기간 안에 많은 일들이 일어나고 있다는 것을 말합니다.

시간의 밀도가 높다는 것은
짧은 기간 안에 많은 변화들이 일어나고 있다는 것을 말합니다.

시간의 밀도가 높다는 것은
동시에 많은 사건과 사고들이 일어난다는 것을 말합니다.

시간의 밀도가 높다는 것은 동시다발로 많은 것들이
봇물이 터지듯 나올 때를 말합니다.

동시다발 속전속결로 모든 일이 순식간에 일어날 때
시간의 밀도는 높아집니다.

눈 깜짝할 사이에 많은 일들이 연속적으로 일어날 때
시간의 밀도는 높아집니다.

타임라인에 맞추어 많은 프로그램들이 차곡차곡 쌓일 때
시간의 밀도가 높아집니다.

타임라인에 맞추어 많은 프로그램들이 차곡차곡 쌓여
동시에 발생할 때를 시간의 밀도가 높다고 말합니다.

지구 행성의 차원상승은
시간의 밀도가 매우 높게 진행될 것입니다.

개벽의 시대가 시작되었습니다.
개벽의 시대에는 시간의 밀도가 매우 높게 진행될 것입니다.

격변의 시대가 시작되었습니다.
새로운 정신문명을 열기 위해 동시다발 속전속결로
하늘은 지구 행성의 물질문명을 빠르게 붕괴시킬 것입니다.

자연재해가 증가함에 따라
시간의 밀도가 점점 더 높아질 것입니다.

사회변화가 급격하게 진행됨에 따라
시간의 밀도는 점점 더 높아질 것입니다.

높아져가는 시간의 밀도 속에
인류의 의식은 급속하게 깨어나게 될 것입니다.

높아져가는 시간의 밀도 속에
하늘의 뜻이 땅에서 펼쳐질 것입니다.

점점 더 가속화되는 시간의 밀도 속에
땅의 뜻이 하늘에서 펼쳐지게 될 것입니다.

시절인연이 있는 하늘 사람들과 빛의 일꾼들에게
우데카 팀장이 이 글을 전합니다.

생사를 양백에서 찾으라

생명체의 입장에서
하늘로부터 받는 최고의 선물은 건강하게 오래 사는 것입니다.
마지막 때에 인간이 하늘로부터 받을 수 있는 최고의 선물은
죽지 않고 살아남는 것입니다.

마지막 때에 삶과 죽음을 결정하는 것은 하늘입니다.
마지막 때에 생사를 결정하는 것은 양백줄입니다.
한 치 앞도 보이지 않는 상황 속에서
하늘이 울고 땅이 우는 상황 속에서
무너지는 건물과 갈라지는 땅들 사이에서
죽고 사는 것은 양백줄에 달려 있습니다.

하늘이 땅을 말고 땅을 펼 때
살 사람과 죽을 사람을 구분하는 기준은
백회로부터 하늘과 연결된 7개의 생명선에
빛이 들어와 밝게 빛나는 사람만이
생존할 수 있기 때문입니다.

하늘이 땅을 말고 땅을 펼 때
지축의 정립이 이루어지고
극이동이 일어나고

대륙의 융기와 침몰이 일어날 때
살 사람과 죽을 사람을 구분하는 기준은
백회로부터 하늘로 연결된 7개의 양백줄이
빛이 들어와 밝게 빛나는 사람은
하늘의 보호를 받아 살아남을 수 있습니다.

이것을 알고 있던 한민족의 선조들은
생사를 어디에서 찾을 것인가?
생사는 양백에서 찾으라 하였습니다.

하늘이 준비한 마지막 때가 되면
그때가 되면
죽기로 예정된 사람에게는
백회로부터 하늘과 연결된 양백줄을 통해
하늘의 빛이 들어오지 않아 어두워지게 됩니다.

하늘이 준비한 마지막 때가 되면
그때가 되면
살아서 새 하늘과 새 땅으로 들어갈 사람에게는
백회로부터 하늘과 연결된 7개의 양백줄에
하늘의 빛이 들어와 눈부시게 빛이 나게 될 것입니다.

이것이 한민족에게 하늘이 주는 선물이며
이것이 한민족에게 하늘이 주는 상징코드이며
이것이 한민족에게 하늘이 주는 생명의 비밀이라

이것이 한민족에게 하늘이 주었던 양백의 비밀이라
이것이 한민족에게 하늘이 주었던 우주의 비밀이라

마지막 때에 생사를 양백에서 찾으라
그때가 되면 죽고 사는 것은 양백에서 나오나니
하늘의 뜻이 양백에 있나니
하늘의 뜻이 양백줄로 나타나니
생사를 양백에서 찾으라 하였습니다.

마지막 때에 하늘의 뜻은 양백으로 펼쳐지니
하늘의 뜻을 아는 자 양백줄을 볼 것이며
하늘의 뜻을 받는 자 양백줄에 빛이 날 것이니
생사를 어디에서 구하는가?
생사를 양백에서 구하라

양백줄에 빛이 들어온 자
하늘의 인(印) 맞은 자가 될 것입니다.

양백줄이 빛나는 자
새 하늘과 새 땅에 초대된 사람이라

양백줄이 빛나는 자
하늘의 보호를 받을 것이며
양백줄이 빛나는 자
하늘 사람이라는 표식이 될 것입니다.

양백줄이 밝은 자
천우신조로 하늘이 돕는 사람이라
양백줄이 어두운 자
살아도 산 것이 아니라네

양백줄이 빛나는 자
살 사람이요
양백줄에 빛이 없는 자
저세상 사람이라

양백줄이 빛나는 자
하늘의 축복이라
양백줄이 어두운 자
땅의 슬픔이라

양백줄이 빛나는 자
하늘의 심판을 통과했음이라
양백줄이 어두운 자
하늘의 심판이 임하였음이라

양백줄에 하늘의 마음이 담겼으며
양백줄에 추상같은 하늘의 의지가 담겼나니
그 누가 나의 양백줄을 밝혀줄 수 있단 말인가?

몰랐구나 몰랐구나

내 미처 양백의 뜻도 모르고
하늘의 뜻을 찾아 어디에서 헤메고 있었던가?

몰랐구나 몰랐구나
하늘의 뜻을 몰랐구나
내 미처 양백의 뜻도 모르고
생사를 어디에서 찾고 있었던가?

양백줄이 빛나는 자
하늘의 마음과 사람의 마음이 서로 공명함이라
양백줄이 빛나는 자
하늘이 주는 최고의 선물을 받고 있는 사람이라

양백의 뜻을 아는 자에게
하늘문은 열릴 것입니다.
양백의 마음을 얻는 자
하늘의 좁은 문이 열릴 것입니다.

인명은 재천이며
생사는 양백이라

인류의 건승을 빕니다.

하늘과 연결된 3개의 생명선

식물편

인간의 몸의 정수리에는
하늘과 연결된 7개의 생명줄이 연결되어 있습니다.
영성계에서는 7개의 은빛선으로 알려져 있습니다.
우리 조상들은 7개의 생명줄을 양백줄이라고 했습니다.

살아있는 모든 식물들은
3개의 생명줄이 하늘과 연결되어 있습니다.
식물들이 하늘과 연결된 3개의 생명선은 다음과 같습니다.
식물에게 연결된 3개의 생명선은 모두 행성의 영단에서
운영하고 관리하고 있습니다

식물의 생명선은 첫번째와 두번째 라인이
하나로 통합되어 운영되고 있습니다.

식물의 첫번째 생명선 라인은
대우주의 주재자인 창조주의 의식과 연결된 선입니다.
식물들은 첫번째 라인을 통해 창조주의 의식과 연결되어 있으며
창조주의 에너지를 공급받고 있습니다.

식물도 영혼의 물질 체험을 하고 있는 귀중한 존재들입니다.
식물들이 창조주의 에너지를 공급받아야

식물의 몸에 들어간 영혼들이 안정감을 가지고
식물체의 몸을 통한 영혼의 물질 체험이
이루어질 수 있기 때문입니다.

식물의 두번째 생명선 라인은
행성의 빛의 생명나무 시스템에 연결되어 있습니다.

생명 탄생의 시작은 빛의 생명나무의 빛을 통해 이루어집니다.
보이지 않는 차원간 공간에서
행성에 살고 있는 모든 식물들은
행성의 빛의 생명나무 시스템과 연결이 되어 있습니다.

행성에 식물들이 입식되기 위해서는
보이지 않는 세계에서
그 행성의 빛의 생명나무 시스템에 등록이 되고 난 뒤
영단을 통해 행성으로 입식 절차가 진행됩니다.

행성마다 행성 고유의 빛의 생명나무 시스템이 존재합니다.
행성마다 있는 이 시스템을 생명나무라고 합니다.

식물들은 태양빛이 있어야 생존이 가능합니다.
식물들은 행성의 빛의 생명나무에서
빛을 공급받아야 생존이 가능합니다.

식물들이 행성의 빛의 생명나무 시스템에서 공급받는 빛은

보이지 않는 세계에서 식물체를 구성하고 있는
무형의 기계장치들을 가동시켜 주는 빛입니다.

보이지 않는 세계에서
식물들에게는 공의 세계와 기의 세계와 색의 세계에
식물들의 세포와 조직을 지원하는 무형의 기계장치들이
설치되어 있습니다.

빛의 생명나무의 빛은 비물질세계의 빛입니다.
빛의 생명나무의 빛은 비물질세계에 존재하는
식물들의 무형의 기계장치들을 가동시켜 주는 빛입니다.

빛의 생명나무 시스템을 통하여
식물들의 진화가 이루어질 수 있도록
식물들에게 설치된 무형의 기계장치들이
환경에 맞게 주기적으로 업그레이드됩니다.

빛의 생명나무 시스템을 통하여
행성에서 생존 가능한 식물들과 멸종될 식물들이
결정이 이루어집니다.

하늘에서 식물들의 천살(天殺)이 이루어질 때
하늘에서 식물들에게 원인도 알 수 없는
대규모의 죽음을 준비할 때
생명나무의 빛의 공급을 줄이거나 끊어버리게 됩니다.

식물들에게 공급되는 생명나무의 빛이 줄어들게 되면
식물들의 면역력이 떨어지게 되며 병충해에 약해지게 됩니다.

식물들에게 공급되는 생명나무의 빛이 줄어들게 되면
생장이 느려지게 되고 열매를 맺지 못하게 됩니다.

하늘이 식물들의 면역력을 조절하는데
두번째 생명선을 통해 공급되는 생명나무의 빛을 통해 이루어집니다.

태양에서 공급받는 빛은 식물의 세포와 조직이
동화작용을 할 수 있도록 하는 물질세계의 빛입니다.

식물이 하늘과 연결된 2번째 생명선은
행성의 생명유지 시스템에 연결되어 있습니다.
행성의 생명유지 시스템은
그 행성의 가이아의 게(Ge) 에너지를 말합니다.

식물들이 하늘과 연결된 2번째 생명선은
행성의 생명유지 시스템과 연결되어 있습니다.
행성의 생명유지 시스템은
가이아의 게 (Ge)에너지 공급 시스템과도 연결되어 있습니다.

행성에 식물이 살고 있다는 것은
행성에 식물의 몸을 통한 영혼의 물질 체험이
하늘에서 허용되었음을 의미합니다.

행성에 식물이 살고 있다는 것은
행성에 살고 있는 식물의 몸을 유지하는데 필요한
백 에너지를 하늘에서 공급하고 있다는 것을 의미합니다.

행성에 식물이 살고 있다는 것은
영혼이 식물체의 백 에너지를 입고 생명활동이 이루어지는 것을
그 행성의 가이아 의식이 허락하고 수용했음을 의미합니다.

식물들이 하늘과 연결된 3번째 생명선은
지구 행성 영단 시스템과의 연결되어 있습니다.
이 3번째 생명선을 통해 식물들은
하늘의 천기(天氣), 지기(地氣), 인기(人氣)를 공급받고 있습니다.
이 3번째 생명선을 통해 식물들은
행성 가이아 의식을 공급받고 있습니다.

금성의 가이아 의식은 13차원입니다.
지구의 가이아 의식은 17차원입니다.

행성 가이아의 의식이 높을수록 장미꽃은 더 화려합니다.
지구 행성이 이렇게 눈부시게 아름다운 이유는
행성 가이아 의식이 17차원으로 높기 때문입니다.

지구 행성의 가이아 의식이
17차원에서 18차원으로 전환되었습니다.

지구 행성은 더 높은 의식을 가진 식물들이 입식될 것입니다.
지구 행성은 더 높은 진동수를 가진 식물들이
행성 영단을 통해 입식될 예정입니다.

그동안 지구 행성에서 식물의 몸을 입고
영혼의 물질 체험을 함께 해준 식물들에게
고마움과 감사함을 전합니다.

하늘과 연결된 5개의 생명선
동물편

인간의 몸의 정수리에는
하늘과 연결된 7개의 생명줄이 연결되어 있습니다.
영성계에서는 7개의 은빛선으로 알려져 있습니다.
우리 조상들은 7개의 생명줄을 양백줄이라고 했습니다.

눈에 보이지 않는 세계에서
동물들은 5개의 생명선을 통해 하늘과 연결되어 있습니다.
동물들이 하늘과 연결된 5개의 선은 다음과 같습니다.

첫번째 생명선은
대우주의 주재자인 창조주의 의식과 연결된 선입니다.
동물들 모두 첫번째 라인을 통해
창조주의 의식과 연결되어 있습니다.

이 첫번째 라인을 통해 공급되는 창조주의 빛은
동물의 몸을 입고 영혼의 물질 체험을 하고 있는 영혼들이
심리적인 안정감을 가질 수 있게 하는 역할이 있습니다.

이 첫번째 라인을 통해
창조주 역시 동물들의 몸을 통한 영혼의 물질 체험을
간접적으로 체험할 수 있습니다

두번째 생명선은
행성의 빛의 생명나무 시스템에 연결되어 있습니다.
유성 생식을 하는 모든 동물들은 그 행성의
빛의 생명나무 시스템과 연결되어 있습니다.

하늘은 빛의 생명나무 시스템을 통하여
행성에 살고 있는 모든 동물들의 면역력을 관리하고 있습니다.

하늘은 빛의 생명나무 시스템을 통하여
동물들이 환경에 적응하고 생존하고 진화할 수 있도록
관리하고 있습니다.

하늘은 빛의 생명나무 시스템을 통하여
행성에 살고 있는 모든 동물들의
공, 기, 색의 차원간 공간에 존재하는
무형의 기계장치들에 빛을 공급하면서
보이지 않는 세계에서
동물들의 생로병사를 직접 관리하고 있습니다.

하늘은 빛의 생명나무 시스템을 통하여
동물들의 몸을 치유하고 있습니다.

세번째 생명선을 통해 동물들은
행성의 생명유지 시스템에 연결되어 있습니다.

세번째 생명선을 통해 동물들은
행성 가이아의 게(Ge) 에너지 시스템에 연결되어 있습니다.

행성에 동물이 살고 있다는 것은
영혼이 동물의 몸을 입고 그 행성에서 영혼의 물질 체험이
행성 가이아 의식으로부터 허용되었음을 의미합니다.

행성에 동물이 살고 있다는 것은
영혼이 동물의 몸을 입고 물질 체험이 이루어질 때
동물의 몸을 유지하는 백 에너지를 행성 가이아 의식으로부터
지속적으로 공급받고 있다는 것을 의미합니다.

동물들이 원인도 없이 자연 상태에서 죽는 경우가 많은데
이 세번째 라인이 닫히게 되면 천살이 됩니다.

네번째 생명선을 통해 동물들은
행성의 영단과 연결되어 있습니다.
행성의 영단에 바코드 형태로 넘버링되어 있으며
영단에 의해 관리되고 있습니다.
생명체가 죽음을 맞이할 때 이 선을 통해
영혼백 에너지들이 흡수됩니다.

행성에 살고 있는 동물들은
이 네번째 라인을 통해 행성 가이아 의식을 공급받고 있습니다.

행성에 살고 있는 동물들은 이 네번째 라인을 통해
행성의 진화 로드맵에 맞추어 생로병사를 관리받고 있습니다.

행성에 살고 있는 동물들은 이 네번째 라인을 통해
그 행성에 맞는 천기, 지기, 인기를 공급받고 있습니다.

행성에 살고 있는 동물들은 이 네번째 라인을 통해
동물마다 독특한 개성을 지닐 수 있도록 프로그램된 빛을
영단을 통해 공급받고 있습니다.

다섯번째 생명선을 통해
동물들은 자신들의 본영과 연결되어 있습니다.

이 다섯번째 라인을 통해 동물들의 본영들은
동물들의 감정과 의식을 간접적으로 체험할 수 있습니다.

이 다섯번째 라인을 통해 동물들의 본영들은
간접적으로 물질 체험에 참여할 수 있습니다.

지구 행성에서 동물의 몸을 입고
영혼의 물질 체험을 하고 있는 동물들에게
고마움과 감사함을 전합니다.

하늘과 연결된 7개의 생명선
인간편

인간의 몸의 정수리에는
하늘과 연결된 7개의 생명줄이 연결되어 있습니다.
서양의 영성계에서는 7개의 은빛선으로 알려져 있습니다.
우리 조상들은 7개의 생명줄을 양백줄이라고 했습니다.
7개의 양백줄은 모두 지구 행성의 영단에서 관리하고 있습니다.

살아있는 생명체는
모두 하늘과 생명선으로 연결되어 있습니다.
살아있는 모든 인간은
눈에 보이지 않는 7개의 선으로 하늘과 연결되어 있습니다.
하늘과 연결된 7개의 선은 인간의 생명줄입니다.
하늘과 연결된 7개의 선은 다음과 같습니다.

첫번째 은빛선은
대우주의 주재자인 창조주의 의식과 연결된 선입니다.
대우주에 존재하는 모든 생명체들은 창조주의 의식과
첫번째 라인을 통해 연결되어 있습니다.

모든 생명체들은 창조주의 의식 안에서 영혼의 물질 체험을 하는
창조주의 자녀임을 상징해주는 은빛선입니다.

인간은 모두 은빛선으로 창조주의 의식과 연결되어 있습니다.
인간은 창조주의 에너지를 은빛선을 통해 공급받고 있습니다.

영혼의 물질 체험을 하고 있는 영혼의 입장에서
창조주 의식과의 연결은
심리적인 안정감을 가져다주는 역할을 하고 있습니다.

첫번째 라인을 통해 인간의 육신의 옷을 입고
영혼의 물질 체험을 하고 있는 영혼들의
사고조절자를 깨울 수 있습니다.

두번째 양백줄은
행성의 빛의 생명나무 시스템에 연결되어 있습니다.
유성 생식을 하는 모든 동물들과 인간은
그 행성의 빛의 생명나무 시스템과 연결되어 있습니다.

행성의 빛의 생명나무 시스템을 통하여
행성에 살고 있는 생명체들은
생로병사의 주기를 관리받고 있습니다.

행성의 빛의 생명나무 시스템을 통해
인간의 몸의 진동수가 관리되고 있습니다.

행성의 빛의 생명나무 시스템을 통해
카르마 에너지가 생명체의 몸에 공급이 됩니다.

행성의 빛의 생명나무 시스템을 통해
생명체에게 봉인이 설치되고 해소됩니다.

이 두번째 라인은 하늘의 의사 그룹인 라파엘팀 전용 창구입니다.
이 두번째 라인을 통해 인간의 질병의 치유가 이루어지고 있습니다.

세번째 양백줄은 행성의 생명유지 시스템에 연결되어 있습니다.
세번째 양백줄은 행성의 가이아의
게(Ge) 에너지 시스템과 연결되어 있습니다.

세번째 양백줄을 통해 인간은 생명유지에 필요한
가장 기본적인 에너지들을 지속적으로 공급받고 있습니다.

세번째 양백줄을 통해 공급받는 에너지를 백 에너지라고 합니다.
인간의 몸이 생명 활동을 하는데 필요한 백 에너지를
행성 가이아로부터 지속적으로 공급받아야
생명을 유지할 수 있습니다.

세번째 양백줄이 끊어지면 생명체는 죽음을 맞이하게 됩니다.

네번째 양백줄을 통해 인간은 행성의 영단에 연결되어 있습니다.
인간은 네번째 양백줄을 통해
행성의 영단에 바코드 형태로 넘버링되어
등록, 관리되고 있습니다.

인간은 네번째 양백줄을 통해
행성 가이아 의식을 공급받고 있습니다.

인간이 네번째 양백줄을 통해 공급받은 가이아 의식은
인간의 감정과 의식에 많은 영향을 주고 있습니다.

인간은 네번째 양백줄을 통해
지구 행성의 윤회 시스템과 연결되어 있습니다.

인간은 네번째 양백줄을 통해
지구 행성의 카르마 시스템과 연결되어 있습니다.

인간은 네번째 양백줄을 통해
인간과 사회 문제를 다루는 시스템인
모나노 시스템과 연결되어 있습니다.

인간은 네번째 양백줄을 통해
행성에 공급되는 천기, 지기, 인기 등을 공급받고 있습니다.

생명체가 탄생할 때나 생명이 죽음을 맞이할 때
네번째 양백줄을 통해 영혼백 에너지들이 공급되고 흡수됩니다.

다섯번째 양백줄을 통해 상위자아와 본영에 연결되어 있습니다.
다섯번째 양백줄을 통해 상위자아와 본영은
자신의 아바타를 관리하고 있으며

자신의 아바타의 감정을 느끼고
영혼의 물질 체험에 간접적으로 참여하고 있습니다.

외계 행성에서 온 영혼들은 이 다섯번째 라인을 통해
행성의 정보와 행성의 에너지를 공급받고 있습니다.

이 다섯번째 양백줄을 통해 인간은 상위자아와 소통할 수 있으며
상위자아와의 합일이 일어납니다.
이 다섯번째 양백줄을 통해
인신합일(人神合一)이 일어나며 본영과의 합일이 일어납니다.

여섯번째 양백줄은
우주에서 들어오는 빛이 들어오는 라인들입니다.

행성에 살고 있는 모든 생명체는
우주로부터 들어오는 빛을 반드시 받아야 합니다.

행성은 행성마다 모순을 가지고 있습니다.
행성에서 공급되는 빛만을 받게 된다면
영혼들의 모순은 커져만 갈 수 있습니다.

여섯번째 양백줄을 통해 들어오는 이 빛은
행성에 살고 있는 생명체들과 영혼들이 일정 주기에 맞추어
자연스럽게 모순이 심해지지 않도록
영점 조정을 해주는 우주의 빛입니다.

여섯번째 양백줄을 통해 들어오는 빛은
모순이 있는 행성의 환경에서 살고 있는 생명체에게
주기적으로 영점을 맞추어 주는 빛입니다.
동양인들은 이 빛을 자오유주도의 빛이라 인식하였습니다.

여섯번째 양백줄을 통해
우주의 모든 정보가 들어오게 됩니다.

여섯번째 양백줄을 통해 들어오는 빛은
우주의 차원의 문을 열 수 있게 하는 빛입니다.

이 라인을 통해 공급받는 빛은
인간이 태어날 때 가지고 온
천부적인 달란트와 재주를 발현시키는 빛입니다.

이 라인을 통해 공급된 빛은
영웅이나 성인 같은 역할자의 길을 열어주는 빛이며
행성의 문명 체인저와 게임 체인저와 같은 인물을 키워내는
빛의 통로의 역할을 하게 됩니다.

여섯번째 양백줄은 공평무사하게
생명체와 하늘을 연결해주는 빛의 통로 역할을 하는 라인입니다.

네번째와 여섯번째 양백줄이 동시에 활성화되면
인간의 영적 능력이 발휘하게 됩니다.

일곱번째 양백줄은 하늘의 관리자 그룹과 연결된 줄입니다.
하늘의 천상정부와 연결된 라인입니다.
이 라인을 통해 모든 생명체는
하늘의 관리를 받고 있으며 하늘의 통제를 받고 있습니다.

행성에 살고 있는 모든 생명체들은
하늘과 보이지 않는 선을 통해 연결되어 있습니다.
7개의 이 보이지 않는 줄을 생명선이라 합니다.
우리 조상들은 이 생명줄을 양백줄이라고 하였습니다.

영안을 통해 보면 이 7개의 생명선이 뚜렷하게 보입니다.
라인 하나하나는 은빛입니다.
이 라인에 빛이 공급되면 고유한 빛의 색깔이 나타나게 됩니다.
모든 생명체들에게 연결된 첫번째 양백줄은
흰빛을 발산하고 있습니다.

우주에 대한 지식이 없던 인류가 영안을 통해
이 7개의 생명선을 볼 수 있었습니다.
그 구체적인 내용과 작용은 지금까지 알 수 없었습니다.
그리하여 이 7개의 은빛선들을 막연하게 추상적으로
하늘과 연결된 빛으로 표현할 수밖에 없었습니다.

마지막 때에
살사람과 죽을 사람의 구분이
이 7개의 생명선으로 나타나게 될 것입니다.

살사람과 죽을 사람의 구분이
이 7개의 양백줄에 나타나게 될 것입니다.

하늘의 에너지체들인 천사들은
살사람과 죽을 사람을 이 양백줄이 빛나는 것을 보고
인식하게 될 것입니다.

의식을 가지고 있는 바이러스와 병원균들 역시
살사람과 죽을 사람을
이 7가지 생명선의 빛을 보고 인식하게 될 것입니다.

7개의 양백줄은 마지막 때에
살사람과 죽을 사람을 구분하는 하늘의 표식이 될 것입니다.

우리 조상들은 이 비밀을 알고 있었습니다.
생사를 양백에서 찾으라고 전해져 오고 있었습니다.

7개의 양백줄에 빛이 있는 자
환란과 격변을 피해
하늘이 정해 놓은 피난처인 백포장막이 설치되어 있는
안전한 곳을 찾아서 들어오게 될 것입니다.

시절인연이 되어
대우주의 비밀을 우데카 팀장이 전합니다.
인류의 건승을 빕니다.

★ 인간, 동물, 식물의 생명선 (양백줄)

• 인간은 7개, 동물은 5개, 식물은 3개의 생명선이 하늘과 연결되어 있습니다.

	인간	동물	식물
생명선 ①	창조주 의식	창조주 의식	창조주 의식
생명선 ②	빛의 생명나무 시스템	빛의 생명나무 시스템	빛의 생명나무 시스템
			행성 생명유지 시스템
생명선 ③	행성 생명유지 시스템	행성 생명유지 시스템	행성 영단 관리
생명선 ④	행성 영단 관리	행성 영단 관리	
생명선 ⑤	상위자아, 본영 연결	본영 연결	
생명선 ⑥	우주에서 들어오는 빛의 통로		
생명선 ⑦	하늘의 관리자 그룹과 연결		

대우주의 수레바퀴

시작도 없고 끝도 없는 시간속에
영혼이 한 번의 삶을 통해 배울 수 있는 것은 매우 적습니다.

끝도 없고 시작도 없는 공간속에
영혼이 한 번의 삶을 통해 체험할 수 있는 것은 매우 적습니다.

영혼은 창조주께서 대우주에 펼쳐 놓으신
삼라만상의 물질세계를 여행하기 위해 창조되었습니다.

창조주께서 대우주에 펼쳐 놓으신
삼라만상의 물질세계를 다양하게 체험하기 위해서
창조주께서 영혼들에게
다양한 생명체의 몸을 입고 물질 체험을 하는
윤회(輪廻)를 선물로 주셨습니다.

영혼이 물질 체험을 하기 위해서는
영혼은 생명체라는 외투를 반드시 입어야 합니다.

영혼이 물질 체험을 하기 위해서
영혼이 입어야 하는 생명체들의 수명은 유한합니다.

영혼이 낡고 늙고 오래된 생명체의 외투를 버리고
영혼이 새로운 생명체의 외투를 입는 과정을
죽음이라고 합니다.

영혼은 생명체의 죽음이라는 과정을 통해서만
자신이 입고 있는 생명체의 외투를 벗을 수 있습니다.

영혼이 낡고 오래된 몸을 벗어나는 것이 죽음이며
영혼이 새로운 몸을 받고 태어나는 것이 윤회입니다.

영혼은 삶과 죽음의 수레바퀴를 통해 진화합니다.
영혼은 윤회의 수레바퀴를 통해 진화합니다.

영혼이 굴리고 있는 윤회의 수레바퀴는 아무도 멈출 수 없습니다.
영혼에게 주어진 자유의지로 윤회의 수레바퀴를 멈출 수 없습니다.

영혼이 굴려야 하는 윤회의 수레바퀴는 아무도 멈출 수 없습니다.
윤회의 수레바퀴를 멈출 수 있는 유일한 길은
영혼이 소멸되는 방법 밖에는 없습니다.

사람으로 살다가 죄를 지어
동물로 태어나는 윤회는 일어나지 않습니다.
사람은 사람으로 다시 태어나 윤회하는 것이
우주의 법칙입니다.

동물로 살다가 인간으로 태어날 수 없습니다.
동물로 살고 있는 영혼이 인간의 몸에 들어오기 위해서는
인간의 몸을 받을 수 있을 만큼 영혼이 진화해야 합니다.

동물의 몸에 있는 영혼이
인간의 몸을 받아 태어나기 위해서는
영혼은 인간이 상상할 수 없을 정도의 억겁의 시간 동안
진화를 해야만 가능한 일입니다.

영혼이 윤회를 끊을 수 있는 권한은 우주에 존재하지 않습니다.
영혼이 윤회를 끊을 수 있는 방법은 우주에 존재하지 않습니다.
영혼이 윤회를 거부할 수 있는 권한은 우주에 존재하지 않습니다.
영혼이 윤회를 끊거나 윤회를 멈출 수 있는 유일한 방법은
영혼이 지은 카르마로 인하여
우주 법정에서 영혼의 소멸판정을 받을 때만 가능합니다.

윤회가 있기에 영혼은 진화할 수 있습니다.
윤회가 있기에 영혼은 다양한 물질 체험을 할 수 있습니다.

윤회가 있기에 카르마가 있습니다.
윤회가 없다면 카르마가 존재할 수 없습니다.

영혼이 두려워하는 것은 죽어서 가는 지옥이 아닙니다.
영혼이 두려워하는 것은 카르마를 쌓는 삶입니다.

영혼이 가장 두려워하는 것은 많은 카르마로 인하여
윤회가 멈추고 영혼의 물질 체험이 중단되는 것입니다.

영혼이 최고로 두려워하는 것은 많은 카르마로 인하여
영혼이 소멸되는 것입니다.

윤회가 있기에 생명체들은 순환합니다.
윤회가 있기에 생명체들은 진화할 수 있습니다.

윤회는 영혼에게 창조주께서 주신 최고의 선물입니다.
윤회는 유한한 생명체의 몸을 새것으로 바꿀 수 있도록
창조주께서 영혼에게 허락한 신성한 권리입니다.

영혼은 생명의 유한함을 윤회를 통하여 극복할 수 있게 되었습니다.
영혼은 윤회를 통하여 영혼의 영원성을 얻을 수 있게 되었습니다.

윤회를 하는 주체는 인간의 몸이 아닙니다.
윤회를 하는 주체는 인간의 몸속에 있는 영혼입니다.

우주의 수레바퀴를 돌리는 존재는 창조주입니다.
우주의 윤회의 수레바퀴를 돌리는 존재는 비로자나불입니다.

우주의 수레바퀴가 돌고 있다는 것은
생명의 순환을 통해 윤회의 수레바퀴가 돌아가고 있다는 것을
의미합니다.

우주의 수레바퀴가 돌고 있다는 것은
모든 생명체들은 창조주의 의식과 연결되어 있음을 의미합니다.

우주의 윤회의 수레바퀴가 돌고 있다는 것은
모든 영혼들은 창조주의 의식 안에서
마음껏 뛰어 놀고 있음을 의미합니다.

끝도 없고 시작도 없는 무한의 공간속에
대우주의 수레바퀴는 돌고 또 돌고 있음이라

시작도 없고 끝도 없는 무한의 시간속에
대우주의 윤회의 수레바퀴는 돌고 또 돌고 있음이라

하늘과 땅 사이에 꽃비가 내리더니
생명의 숨소리가 가득하구나

하늘과 땅 사이에 꽃비가 내리더니
하늘과 땅 사이에 사랑밖에 더 있더냐

마지막 때 인류의 운명

자신이 속한 공동체의 미래를 걱정하는 사람보다는
자신의 미래를 걱정하는 사람이 더 많습니다.

나라의 미래를 걱정하는 사람보다는
자신의 미래를 걱정하는 사람이 더 많습니다.

민족의 미래를 걱정하는 사람보다는
자신의 미래를 걱정하는 사람이 더 많습니다.

국가의 미래를 걱정하는 사람은 있어도
인류의 미래를 걱정하는 사람은 많지 않습니다.

인류의 미래를 걱정하는 사람은 있어도
지구 행성의 미래를 걱정하는 사람은 많지 않습니다.

지구 행성의 미래를 걱정하는 사람은 있어도
우주의 미래를 걱정하는 사람은 많지 않습니다.

우주의 미래를 걱정하는 사람은 있어도
창조주의 아픔과 고통을 이해하는 사람은 찾아볼 수 없습니다.

각자의 의식의 수준에서 걱정과 근심을 가지고 사는 것입니다.
각자의 의식의 층위에서 걱정과 근심을 가지고 사는 것이
영혼의 물질 체험이 갖는 의미입니다.

하늘에서 조물된 그릇의 모양대로 살다가 가는 것이
인간의 삶입니다.
하늘에서 조물된 그릇의 크기대로 살다가 가는 것이
인간의 삶의 무게입니다.

진리는 모든 영혼들을 위해 존재하지만
진리를 모든 영혼들이 알 필요는 없습니다.
각자의 영혼의 진화 여정에 맞는 진리를 알면 되는 것입니다.

진리는 모든 사람을 위해 존재하지만
모든 사람이 진리를 알 필요는 없습니다.
각자의 의식의 수준에서 진리를 알면 되는 것입니다.

진리는 모든 사람에게 공평무사하게 적용되지만
모든 사람이 대우주의 진리를 알 필요는 없습니다.
각자의 의식의 층위에서 자신의 의식의 크기만큼
대우주의 진리를 체험하는 것이
영혼의 진화가 갖는 의미입니다.

진리는 알 사람만 알면 되는 것입니다.
하늘의 마음 또한 알 사람만 알면 되는 것입니다.

모두가 빛의 일꾼이 될 필요는 없습니다.
빛의 일꾼이 되기로 예정된 사람이
예정된 시간에 깨어나 빛의 일꾼을 하면 되는 것입니다.

모든 사람이 자신의 운명을 알 필요는 없습니다.
하늘이 줄 수 있는 가장 큰 축복은
자신이 죽는 마지막 순간까지
자신이 왜 죽는지 모르고 죽게 하는 것입니다.

모든 사람이 자신의 미래를 알 필요는 없습니다.
하늘이 줄 수 있는 가장 큰 축복은
자신의 의식 수준에서 하루하루 최선을 다해 살다가
때가 되어 아무것도 모르는 채
끝도 없고 시작도 없는 대우주의 윤회의 수레바퀴 속으로
들어가게 하는 것입니다.

지금이 마지막 때임을 알 사람들은 알게 될 것입니다.
마지막 때 모든 영혼들은 자신이 있어야 할 곳에 있게 될 것입니다.
마지막 때 모든 사람들은 자신이 가야할 곳으로 가게 될 것입니다.

한 치의 오차없이 젊은 영혼들은
카르마가 해소된 영혼들부터 육신의 옷을 벗고
새롭게 준비된 행성인 금성의 영단에 편입될 예정입니다.

한 치의 오차없이 오래된 영혼들인 노란빛 영혼그룹들 중

카르마가 해소된 영혼들은 하늘이 준비한 안전지대에
들어오게 될 것입니다.
이들 그룹들은 창조주께서 주관하는 아보날의 수여에
참여하게 될 것이며 새 하늘과 새 땅의 주인공이 될 것입니다.

한 치의 오차없이 오래된 영혼들인 노란빛 영혼그룹들 중에
카르마가 많이 남아있는 영혼들은
지구 행성의 격변의 과정속에 죽음을 맞이한 후
영계에 있다가 지구 행성에 윤회 시스템을 통해 다시 태어나
새 하늘과 새 땅의 주인공이 될 것입니다.

한 치의 오차없이 외계 행성에서 온 영혼그룹들은
카르마가 모두 해소된 영혼들부터 육신의 옷을 벗고
지구 행성을 떠나 자신의 고향별로 돌아가게 될 것입니다.

한 치의 오차없이 외계 행성에서 온 영혼그룹들은
카르마가 많이 남아있는 영혼들은
하늘이 준비한 안전지대에 들어오지 못하고
역장 밖에서 참혹한 고통속에 육신의 옷을 벗게 될 것입니다.
이들 영혼그룹들은 죽은 뒤에도 지구 행성을 떠나지 못하고
영계에서 머물고 있다가 자신의 카르마를 해소하기 위해
지구 행성에 다시 태어나게 될 것입니다.

한 치의 오차없이 외계 행성에서 온 영혼그룹들 중
카르마가 많은 우주 해적 출신들과

자신의 행성의 멸망에 직접적인 책임이 있는 영단 관리자들은
우주 법정에 서게 될 것입니다.

한 치의 오차없이 하늘에서 죄를 짓고 쫓겨난 천사그룹들은
하늘의 냉정한 평가를 통해 하늘로 돌아갈 천사들과
하늘로 돌아가지 못하는 천사들로 구분될 것입니다.

한 치의 오차없이 지구 행성에 살고 있는 모든 영혼들은
자신이 있어야 할 곳에
자신이 가야할 곳에 있게 될 것입니다.

창조주께서 왜 땅으로 내려왔는지 모두가 알 필요는 없습니다.
땅으로 내려오신 창조주를 모두가 알아볼 필요도 없습니다.
인간의 육신의 옷을 입은 창조주를
알아볼 사람만 알아보면 되는 것입니다.

이것이 하늘이 일하는 방식입니다.
이 우주에서 잘못되는 것은 아무것도 없습니다.

당신의 영혼이 이 우주 어디에 있던지
당신의 영혼은 대우주의 사랑과 진리속에 머물게 될 것입니다.

그동안 지구 행성에서 수고 많으셨습니다.

하늘이 마지막 때에 인류에게 전하는 메시지

창조주께서 이 땅에 당도했노라

창조주인 내가 이 땅에 당도했노라
이 기쁜 소식을 인류에게 전하노라

창조주인 내가 이 땅에 당도하여
바람과 함께 걷고 있음을 전하노라

가슴속에 진리의 씨앗을 품고 있는 하늘 사람들에게
창조주인 내가 이 땅에 당도했음을 전하노라

하늘의 마음을 품고 있는 빛의 일꾼들에게
창조주인 내가 이 땅에 당도했음을 전하노라

나와 함께할 하늘 사람들이여
그대는 나의 목소리가 들리지 않는가?

나와 함께할 빛의 일꾼들이여
그대는 나의 속삭임이 들리지 않는가?

나와 함께할 사랑스런 나의 신부들이여
그대는 나의 숨소리가 들리지 않는가?

나의 사랑스런 신부들이여
창조주인 나를 보고 알아볼 자 오직 그대들뿐이구나

태고적 약속을 지키기 위해
내가 이 땅에 당도했노라
새 하늘과 새 땅을 열기 위해
내가 땅으로 내려왔노라

지구 행성의 차원상승을 위해
천만대군의 천군을 이끌고 내가 왔노라
지구 행성의 자미원을 열기 위해
지구 행성으로 하늘의 천도가 이루어졌음을 전하노라

창조주인 내가
이 땅에 왔음을 알리노라
창조주인 내가 왔음을
이 땅에 존재하는 모든 만물들에게 전하노라

창조주인 내가 이 땅에 왔음을 알리는 징조들이
땅울림 소리와 함께 지구 행성 곳곳에서 나타나리라

선천의 하늘을 마감하고
후천의 하늘을 열기 위해
개벽의 시대를 열기 위해
창조주인 내가 이 땅에 왔음을 전하노라

타인을 위한 꽃 한 송이를 피울 수 있는 하늘 사람들이여
그대들의 영혼의 꽃 한 송이를 피워주기 위해
창조주인 내가 이 땅에 왔음을 전하노라

진흙 속에서도 연꽃을 피울 수 있는 그대들이여
빛의 일꾼들인 그대들의
영혼의 꽃 한 송이를 피워주기 위해
창조주인 내가 이 땅에 당도했음을 전하노라

창조주인 나와 함께 바람 부는 이곳에서
창조주인 나와 함께 바람이 시작되는 이곳에서
새로운 세상을 만들어 보자꾸나

창조주인 나와 함께 아무도 없는 여기서
창조주인 나와 함께 아무것도 없는 여기서
한울가온 가온누리의 세계를 만들어 보자꾸나

이 글은 2022년 3월 25일 빛의 생명나무 채널러인 선희님께서
땅으로 내려오신 9번째 창조근원으로부터 받은 메시지입니다.

제2부

빛의 일꾼과 용화세계의 비밀

빛의 일꾼들은 창조주의 144,000의 빛을 다루는

하늘의 일을 하던 천사들을 말합니다.

땅으로 내려온 인간 천사들인 빛의 일꾼들과 함께

후천의 시대에 육신의 옷을 입으신 미륵 부처님과

용들이 함께 펼치는 에너지의 세계를

용화세계라고 합니다.

빛의 일꾼들의 시대가 시작되었습니다

2020년 7월 7일
지상으로 내려온 창조주의 중심의식에 의해
빛의 일꾼 144,000명에 대해
빛의 일꾼임을 상징하는 빛이 주입되었습니다.

창조주의 한 줄기 빛을 받은 빛의 일꾼들의 오라 에너지가
밝게 빛나기 시작하였습니다.
창조주의 한 줄기 빛을 받은 빛의 일꾼들의
심포가 확장되었습니다.
창조주의 한 줄기 빛을 받은 빛의 일꾼들을 보호하기 위한
하늘의 에너지장이 설치되었습니다.

의식을 깨우는 창조주의 빛 5가지가 동시에 작용함으로써
빛의 일꾼들의 의식은 급속도로 깨어나게 될 것입니다.
인간의 무의식과 잠재의식에 작용하는 창조주의 빛에 의하여
빛의 일꾼들의 의식은 깨어나게 될 것입니다.
인간의 마음을 움직일 수 있는 창조주의 빛에 의하여
빛의 일꾼들의 마음은 행동으로 이어지게 될 것입니다.

하늘에서 우주적 신분이 높은 사람일수록
땅에서는 가장 낮은 곳에 있어야 합니다.

하늘에서 우주적 신분이 높은 사람일수록
그때가 되기 전까지는
땅에서는 가장 모순이 많은 사람으로 살아야 합니다.

하늘 일을 하기 위해 땅으로 내려온 하늘 사람들은
사람의 마음을 알기 위해
사람의 마음을 얻기 위해
사람의 마음을 움직이는 법을 배우기 위해
땅에서는 가장 낮은 곳에 있어야 했습니다.

하늘 일을 하기 위해 땅으로 내려온
하늘 사람들은 하늘의 보물입니다.
그때가 되기 전에는
땅의 사람들이 보물임을 몰라야 하기에
하늘의 보물을 감추어 놓기 위해
하늘 사람들은 봉인을 통하여
철저하게 땅의 사람으로 살도록
자신의 신분을 위장해야 했습니다.

하늘의 뜻을 펼치기 위해 땅으로 내려온
하늘 사람들은 우주의 보물입니다.
그때가 되기 전에는
누가 봐도 보물처럼 보이지 않아야 하기에
누가 봐도 평범한 사람처럼 보여야 하기에
누가 봐도 좀 모자라고 부족한 사람으로 보여야 했습니다.

우주의 보물들인 하늘 사람들을
모자라고 부족한 사람들로 위장하기 위해
하늘 사람들의 몸에 설치한 봉인들이
각자의 타임라인에 따라 해제될 것입니다.

우주 최고의 군인들인 빛의 일꾼들을
평범한 사람들로 위장해 놓았던 봉인들이
각자의 타임라인에 따라 해제될 것입니다.

우주의 보살과 우주의 부처들을
세상이라는 진흙밭에서 연꽃을 피울 수 있도록
빛의 일꾼들의 봉인들이
각자의 타임라인에 따라 해제될 것입니다.

빛의 일꾼들이
평범한 아저씨와 아줌마로 살 수밖에 없도록
손과 발을 묶어놓고
날개마저 꺾어 놓았던
빛의 일꾼들의 봉인들이
각자의 타임라인에 따라 해제될 것입니다.

의식을 깨우는 창조주의 빛은
빛의 일꾼들이 하늘에서 한 약속을 기억나게 할 것입니다.
의식을 깨우는 창조주의 빛은
빛의 일꾼들의 영의식을 깨어나게 할 것입니다.

의식을 깨우는 창조주의 빛은

물질 세상에서 욕심과 욕망에 따라 땅의 사람으로 살던

하늘 사람들의 의식을 깨어나게 할 것입니다.

의식을 깨우는 창조주의 빛은

땅의 사람을 하늘 사람들로 환골탈태시킬 것입니다.

의식을 깨우는 창조주의 빛은

빛의 일꾼을 빛의 일꾼답게 할 것입니다.

의식을 깨우는 창조주의 빛은

하늘 사람들을 하늘 사람답게 할 것입니다.

의식을 깨우는 창조주의 빛은

인 맞은 자의 표식으로 천사들에게 인식될 것입니다.

의식을 깨우는 창조주의 빛은

새 하늘과 새 땅에서 살아갈 사람들을 상징하는

상징의 표식이 될 것입니다.

의식을 깨우는 창조주의 빛은

살 사람들의 양백줄을 빛나게 할 것입니다.

의식을 깨우는 창조주의 빛은

살 사람과 죽을 사람을 구분하는 빛이 될 것입니다.

의식을 깨우는 창조주의 빛은

살 사람과 죽을 사람을 심판하는 빛이 될 것입니다.

의식을 깨우는 창조주의 빛에 의해

하늘 사람들의 시대가 시작되었음을 전합니다.

의식을 깨우는 창조주의 빛에 의해
빛의 일꾼들의 시대가 시작되었음을 전합니다.
의식을 깨우는 창조주의 빛에 의해
만인성불의 시대가 시작되었음을 전합니다.

하늘 사람들의 건승을 빕니다.
빛의 일꾼들의 건승을 빕니다.

빛의 일꾼 144,000이 갖는 의미

하늘은 빛으로 일합니다.
하늘은 시스템으로 일합니다.

창조주는 빛으로 일합니다.
창조주의 권능은 빛에서 나옵니다.

빛의 일꾼이란 하늘에서 빛을 다루는 천사들을 말합니다.
빛의 일꾼이란 하늘에서 하늘의 빛을 땅에 전하는
천사들을 말합니다.
빛의 일꾼이란 하늘에서 하늘의 빛을 땅에 전하는
빛의 통로 역할을 맡은 천사들을 말합니다.

하늘에서 빛의 일꾼들은 빛을 다루는 전문 천사그룹을 말합니다.
하늘에서 빛의 일꾼들은 빛을 생산하는 전문 천사들을 말합니다.
하늘에서 빛의 일꾼들은 빛을 관리하는 전문 천사들을 말합니다.

하늘에서 빛의 일꾼들은
빛을 연구하는 빛의 연금술사들을 말합니다.
하늘에서 빛의 일꾼들은
빛을 창조하는 빛의 연금술사들을 말합니다.

하늘에서 빛의 일꾼들은 창조주의 빛 144,000의 빛을
대우주에 공급하는 역할을 맡고 있는 영혼그룹을 말합니다.
하늘에서 빛의 일꾼들은 창조주의 빛 144,000의 빛을 다루는
우주공학 기술자들입니다.

빛의 일꾼 144,000이란 창조주의 빛 144,000의 빛 다발 중
빛 한 다발을 전문적으로 연구하고 있는 천사들을 말합니다.
빛의 일꾼 144,000이란 창조주의 빛 144,000의 빛 다발 중
자신이 담당하고 있는 빛 한 다발을
전문적으로 관리하는 천사들을 말합니다.

빛의 일꾼 144,000은 대우주에 빛의 공급망을 설치하는
전문 엔지니어들을 말합니다.
빛의 일꾼 144,000은 대우주에 펼쳐진 빛의 공급망을 관리하는
전문 엔지니어 영혼그룹을 말합니다.

빛의 일꾼 144,000은 창조주의 빛이
생명체의 몸에서 빛의 시스템으로 잘 구현되기 위해 창조된 빛을
다루는 천사들을 말합니다.

빛의 일꾼 144,000은 창조주의 의지가 생명체의 몸에서
빛으로 구현될 수 있도록 하는
빛을 다루는 숙련된 기술자들을 말합니다.

빛의 일꾼 144,000은 창조주의 의지가 생명체의 몸에서

의식과 감정으로 잘 구현될 수 있도록 하기 위해 창조된
빛을 다루는 숙련된 기술자들을 말합니다.

빛의 일꾼 144,000은 창조주의 의지가 생명체의 몸에서
한 치의 오차없이 잘 펼쳐질 수 있도록 창조된 빛을 다루는
일꾼들을 말합니다.

빛의 일꾼 144,000은 하늘의 빛을 땅에 정박하기 위한 목적으로
빛의 통로를 담당하고 있는 인간 천사들을 말합니다.

빛의 일꾼 144,000은 창조주의 뜻이 땅에서 이루어지기 위해
빛을 공급하는 빛의 센터로서의 역할을 하고 있는
인간 천사들을 말합니다.

빛의 일꾼 144,000은 창조주의 뜻이 땅에서 이루어지기 위해
빛의 네트워크망들 속에 있는 인간 천사들을 말합니다.

빛의 일꾼 144,000은 창조주의 뜻이 땅에서 이루어지기 위해
빛의 스타게이트들을 운영하고 있는 인간 천사들을 말합니다.

빛의 일꾼 144,000은 우주 최고의 빛의 연금술사인 창조주로부터
빛을 다루는 기술자 자격증을 취득한 사람을 말합니다.

빛의 일꾼 144,000은 우주 최고의 빛의 연금술사인 창조주로부터
전문화된 빛을 다루는 전문 기술자 자격증을 취득한 사람을 말합니다.

빛의 일꾼 144,000은 우주 최고의 빛의 연금술사인 창조주로부터
특수한 빛을 다룰 수 있는
특수한 사고조절자를 부여받고 태어난 사람을 말합니다.

빛의 일꾼 144,000은 창조주로부터 자신의 역할과 임무에 맞는
빛의 성질을 통보받고 빛 전문가로 잘 훈련된 사람을 말합니다.

빛의 일꾼 협력자는 빛을 다루는 기술자를 말합니다.
빛의 일꾼은 창조주의 빛을 다루는 전문 기술자를 말합니다.

땅으로 내려온 하늘의 빛이 땅에서 완성되었습니다.
땅으로 내려온 창조주의 빛이 땅에서 온전하게 완성되었습니다.

땅으로 내려온 창조주의 빛을 전문적으로 다룰 수 있는 사람을
빛의 일꾼이라고 합니다.

땅에서 완성된 창조주의 빛 144,000의 빛을
전문적으로 다룰 수 있는 사람을 빛의 일꾼이라고 합니다.

하늘에서 창조주의 빛을 다루었던 빛의 일꾼들이
지금 이때를 위해 땅으로 내려와
온갖 시련과 역경을 겪으면서 준비되고 있었습니다.

하늘에서 창조주의 빛을 다루는 전문가를 신녀 그룹이라고 합니다.
하늘에서 창조주의 빛을 다루는 전문가를 신관 그룹이라고 합니다.

하늘에서 창조주의 빛을 다루는 전문가를 빛의 일꾼이라고 합니다.

하늘에서 창조주의 곁에서 창조주의 빛을 다루던 전문 기술자들이
지금 이때를 위해 땅에서 빛의 일꾼이라는 이름으로
준비되고 있었습니다.

후천의 시대를 열기 위해
땅으로 내려온 창조주의 빛을 사용하기 위해
오랫동안 준비되고 훈련된 빛의 일꾼들의 시대가 시작되었습니다.

하늘의 뜻이 땅에서 이루어지는 시대를 선천의 시대라고 합니다.
땅의 뜻이 하늘에서 이루어지는 시대를 후천의 시대라고 합니다.

그때가 시작되었음을 전합니다.
빛의 연금술사들로 준비된 빛의 일꾼들의 건승을 빕니다.

신녀 영혼그룹에 대한 정리

땅에서 펼쳐진 모든 것은 하늘에서 온 것입니다.
우주에 펼쳐진 모든 것은 창조주의 사고조절자에서 온 것입니다.
대우주에 펼쳐진 삼라만상은 창조주의 의식에서 나온 것입니다.

하늘이 땅으로 내려오기 위해 5주기부터 준비에 들어갔습니다.
창조주께서 땅으로 내려와 자미원을 열기 위한
하늘의 준비 작업이 5주기부터 시작되었습니다.

하늘의 소리를 땅에서 수신할 수 있는 천사들이 필요했습니다.
하늘의 뜻을 땅에서 펼칠 전문천사들이 창조되기 시작하였습니다.

창조주께서 육신의 옷을 입고 땅으로 내려와 대우주를 통치할 때
육신의 옷을 입은 창조주를 보좌하기 위한 특수한 목적으로
여성성이 강하게 창조된 영혼그룹들이 있는데
이들을 신녀 그룹이라고 합니다.

신녀 그룹들은 창조주를 최측근에서 보좌하기 위하여
창조주의 진동수를 가진 19차원의 유토피언 천사들입니다.

신녀 그룹들은 창조주를 최측근에서 보좌하기 위하여
가장 높은 진동수를 가지고 창조된 영혼그룹입니다.

신녀 그룹들은 창조주를 최측근에서 보좌하기 위하여
가장 순수한 에너지를 가지고 창조된 영혼그룹입니다.

신녀 그룹들은 창조주를 최측근에서 보좌하기 위하여
특수한 사고조절자를 부여받아 탄생한 영혼그룹입니다.

신녀 그룹들은 대우주에 정신문명을 보급하기 위하여
특수한 목적으로 영혼이 창조되었습니다.

신녀 그룹들은 육신의 옷을 입은 창조주를
최측근에서 보좌하기 위하여
창조주의 에너지를 가장 많이 가지고 창조된 영혼그룹입니다.

하늘이 땅으로 내려오기 위해 5주기 초부터 하늘에서는
신녀 영혼그룹들이 창조되기 시작하였습니다.

창조주께서 육신의 옷을 입고 직접 대우주를 통치할 때 보좌할
신녀 영혼그룹들이 5주기 초부터
하늘에서 창조되기 시작하였습니다.

신녀 영혼그룹들은 대우주의 5주기와 6주기를 거치면서
하늘의 소리를 땅에 전하는 신녀의 역할을 많이 수행하였습니다.

신녀 영혼그룹들은 대우주의 5주기와 6주기를 거치면서
하늘의 소리를 땅에 전하는 무녀의 역할을 많이 수행하였습니다.

신녀 영혼그룹들은 5주기와 6주기를 거치면서
행성마다 다양한 정신문명의 매트릭스를 설치하고 관리하고
유지하는 역할을 수행하였습니다.

신녀 영혼그룹들은 창조주를 보좌하기 위하여
특수한 목적으로 탄생되었기에
많은 천사들로부터 부러움을 사게 되었습니다.

신녀 영혼그룹들은 태극과 무극의 세계의 각 차원에서
창조주의 에너지를 가장 많이 가지고 창조된 영혼그룹입니다.

신녀 영혼그룹들 중 우주적 신분이 가장 높은 그룹은
19차원의 신분을 가진 신녀들입니다.

신녀 영혼그룹들 중 우주적 신분이 가장 높은
19차원의 유토피언 신녀 그룹들은 극소수만이 존재합니다.

신녀 영혼그룹들 중 우주적 신분이
16차원과 17차원, 18차원의 신분을 가진 신녀들이 있습니다.

신녀 영혼그룹들 중 우주적 신분이
13차원과 14차원과 15차원의 신분을 가진 신녀들은
상대적으로 적습니다.

신녀 영혼그룹들은 영혼의 진동수가 매우 높은 천사들입니다.

신녀 영혼그룹들 중 최고위층은
하늘의 뜻을 땅에서 펼치는
문명 체인저나 게임 체인저로 태어나는 경우가 많습니다.

신녀 영혼그룹들 중 대부분은
하늘의 소리를 땅에 전하는 역할을 하게 되며
하늘과 땅을 이어주는 삶을 살게 됩니다.

신녀 영혼그룹들은 몸의 진동수가 떨어지게 되면
하늘의 소리를 들을 수 없으며
영적 능력이 퇴화되기 때문에
물질이나 세속의 욕망에서 벗어나는
삶을 프로그램하고 오게 됩니다.

신녀 영혼그룹들이 육화를 하게 되면
영적 능력을 많이 쓰는 채널러의 역할을 많이 하게 됩니다.

신녀 영혼그룹들이 육화를 하게 되면
철학자나 신학자로 많이 태어나게 됩니다.

신녀 영혼그룹들이 육화를 하게 되면
학자나 대학 교수들과 같은 엘리트들로 많이 태어나게 됩니다.

신녀 영혼그룹들이 육화를 하게 되면
하늘의 소리를 땅에 전하는 영매자의 역할을 많이 하게 됩니다.

신녀 영혼그룹들이 육화를 하게 되면
하늘의 소리를 땅에 전하는 무속인의 역할을 많이 하게 됩니다.

신녀 영혼그룹들은 6주기 때 하늘에서 천사들의 반란이 있을 때
가장 많이 피해를 입은 영혼그룹입니다.

신녀 영혼그룹들은 창조주의 에너지를 가장 많이 가진 천사들이지만
그 에너지의 순수성을 잃게 되면 타락한 신녀가 되어
영혼의 소멸이 많이 이루어지는 영혼그룹입니다.

하늘이 땅으로 내려오기 위하여 준비된 신녀 그룹들이
본격적으로 활동을 시작할 때가 되었음을 전합니다.

창조주께서 육신의 옷을 입고 땅에서 그 뜻을 펼칠 때
창조주를 최측근에서 보좌할 신녀 영혼그룹들이
본격적으로 깨어나 활동을 시작할 때가 되었음을 전합니다.

창조주께서 육신의 옷을 입고 대우주를 통치할 때를 위해 준비된
신녀 영혼그룹들이 본격적으로 깨어나
활동을 시작할 때가 되었음을 전합니다.

시절인연이 되어
하늘의 기쁜 소식을 신녀 영혼그룹들에게 전합니다.

신관 영혼그룹에 대한 정리

땅에서 펼쳐진 모든 것은 하늘에서 온 것입니다.
우주에 펼쳐진 모든 것은 창조주의 사고조절자에서 온 것입니다.
대우주에 펼쳐진 삼라만상은 창조주의 의식에서 나온 것입니다.

하늘이 땅으로 내려오기 위해 5주기부터 준비에 들어갔습니다.
창조주께서 땅으로 내려와 자미원을 열기 위한
하늘의 준비 작업이 5주기부터 시작되었습니다.

하늘의 소리를 땅에서 수신할 수 있는 천사들이 필요했습니다.
하늘의 뜻을 땅에서 펼칠 전문 천사들이 창조되기 시작하였습니다.

창조주께서 육신의 옷을 입고 땅으로 내려와 대우주를 통치할 때
육신의 옷을 입은 창조주를 보좌하기 위한 특수한 목적으로
여성성이 강하게 창조된 영혼그룹들이 있는데
이들을 신관 그룹이라고 합니다.

신관 그룹들은 창조주를 최측근에서 보좌하기 위하여
창조주의 진동수를 가진 19차원의 유토피언 천사들입니다.

신관 그룹들은 창조주를 최측근에서 보좌하기 위하여
가장 높은 진동수를 가지고 창조된 영혼그룹입니다.

신관 그룹들은 창조주를 최측근에서 보좌하기 위하여
가장 순수한 에너지를 가지고 창조된 영혼그룹입니다.

신관 그룹들은 창조주를 최측근에서 보좌하기 위하여
특수한 사고조절자를 부여받아 탄생한 영혼그룹입니다.

신관 그룹들은 대우주에 물질문명을 보급하기 위하여
특수한 목적으로 영혼이 창조되었습니다.

신관 그룹들은 육신의 옷을 입은 창조주를
최측근에서 보좌하기 위하여
창조주의 에너지를 가장 많이 가지고 창조된 영혼그룹입니다.

하늘이 땅으로 내려오기 위해 5주기 초부터 하늘에서는
신관 영혼그룹들이 창조되기 시작하였습니다.

창조주께서 육신의 옷을 입고 직접 대우주를 통치할 때 보좌할
신관 영혼그룹들이 5주기 초부터
하늘에서 창조되기 시작하였습니다.

신관 영혼그룹들은 대우주의 5주기와 6주기를 거치면서
하늘의 소리를 땅에 전하는 신관의 역할을 많이 수행하였습니다.

신관 영혼그룹들은 대우주의 5주기와 6주기를 거치면서
황실에서 왕을 보좌하는 환관의 역할을 많이 수행하였습니다.

신관 영혼그룹들은 5주기와 6주기를 거치면서
행성마다 다양한 물질문명의 매트릭스를 설치하고 관리하고
행성의 과학기술 문명을 유지하는 역할을 수행하였습니다.

신관 영혼그룹들은 창조주를 보좌하기 위하여
특수한 목적으로 탄생되었기에
많은 천사들로부터 부러움을 사게 되었습니다.

신관 영혼그룹들은 태극과 무극의 세계의 각 차원에서
창조주의 에너지를 가장 많이 가지고 창조된 영혼그룹입니다.

신관 영혼그룹들 중 우주적 신분이 가장 높은 그룹은
19차원의 신분을 가진 신관들입니다.

신관 영혼그룹들 중 우주적 신분이 가장 높은
19차원의 유토피언 신관 그룹들은 극소수만이 존재합니다.

신관 영혼그룹들 중 우주적 신분이
16차원과 17차원, 18차원의 신분을 가진 신관들이 있습니다.

신관 영혼그룹들 중 우주적 신분이
13차원과 14차원과 15차원의 신분을 가진 신관들은
상대적으로 적습니다.

신관 영혼그룹들은 영혼의 진동수가 매우 높은 천사들입니다.

신관 영혼그룹들 중 최고위층은
하늘의 뜻을 땅에서 펼치는
문명 체인저나 게임 체인저로 태어나는 경우가 많습니다.

신관 영혼그룹들 중 대부분은 하늘의 소리를 땅에 전하는
역할을 하게 되며 하늘과 땅을 이어주는 삶을 살게 됩니다.

신관 영혼그룹들은 몸의 진동수가 떨어지게 되면
하늘의 소리를 들을 수 없으며
영적 능력이 퇴화되기 때문에
물질이나 세속의 욕망에서 벗어나는 삶을
프로그램하고 오게 됩니다.

신관 영혼그룹들이 육화를 하게 되면
영적 능력을 많이 쓰는 채널러의 역할을 많이 하게 됩니다.

신관 영혼그룹들이 육화를 하게 되면
과학자나 엔지니어들로 많이 태어나게 됩니다.

신관 영혼그룹들이 육화를 하게 되면
학자나 대학 교수들과 같은 엘리트들로 많이 태어나게 됩니다.

신관 영혼그룹들이 육화를 하게 되면
하늘의 소리를 땅에 전하는 영매자의 역할을 많이 하게 됩니다.

신관 영혼그룹들이 육화를 하게 되면
하늘의 소리를 땅에 전하는 창조적 소수의 역할을 많이 하게 됩니다.

신관 영혼그룹들은 창조주의 에너지를 가장 많이 가진 천사들이지만
그 에너지의 순수성을 잃게 되면 타락한 신관이 되어
영혼의 소멸이 많이 이루어지는 영혼그룹입니다.

하늘이 땅으로 내려오기 위하여 준비된
새로운 물질문명을 열기 위해
신관 그룹들이 본격적으로 활동을 시작할 때가 되었음을 전합니다.

창조주께서 육신의 옷을 입고 땅에서 그 뜻을 펼칠 때
창조주를 최측근에서 보좌할 신관 영혼그룹들이
본격적으로 깨어나 활동을 시작할 때가 되었음을 전합니다.

창조주께서 육신의 옷을 입고 대우주를 통치할 때를 위해 준비된
신관 영혼그룹들이 본격적으로 깨어나
활동을 시작할 때가 되었음을 전합니다.

시절인연이 되어
하늘의 기쁜 소식을 신관 영혼그룹들에게 전합니다.

유토피언 영혼그룹들의 특징

19차원의 진동수를 가진 창조주(창조근원)에 의해
각 차원별로 창조된 에너지체들을 우주에서는 천사라고 합니다.

유토피언들은 모두 19차원의 진동수를 가지고 있습니다.
유토피언들은 대우주의 오너인 창조근원을
19차원에서 보좌하기 위해 창조된 천사를 말합니다.

유토피언들 중에 창조근원을 보좌하는 8명이 있는데
이들을 우주에서는 팔공산팀이라고 합니다.

8명의 유토피언들은 청와대에서 대통령을 보좌하는
수석 비서관에 비유할 수 있습니다.

창조근원을 최측근에서 보좌하는 8명의 유토피언들은
우주 최고의 정보를 다루고 있는 존재들입니다.
지구 행성에서는 이들이 팔선녀라고 알려져 있습니다.
유토피언들은 8명의 팔선녀들에 의해
명령 체계들이 작동되고 있습니다.

유토피언들이 존재하는 이유는
창조근원을 충과 순종으로 보좌하기 위해서입니다.

유토피언들 중에는 창조근원을 측근에서 보좌하기 위한
특수한 목적으로 창조된 창조근원의 분신들이 있습니다.

유토피언들 중에는 대우주를 운영하는 시스템을 관리하기 위한
특수한 목적으로 창조된 유토피언들이 있습니다.

유토피언들 중에는 창조근원의 대우주 통치를 보좌하기 위해
창조된 특수한 유토피언들이 있습니다.

유토피언들은 천사들 중에 우주적 신분이 제일 높습니다.
유토피언들은 천사들 중에 영 에너지가 제일 큽니다.
유토피언들은 천사들 중에 가장 높은 영의식을 구현합니다.

유토피언들은 천사들 중에 가장 특수한 영혼그룹입니다.
유토피언들은 천사들 중에 가장 전문화된 영혼그룹입니다.
유토피언들은 천사들 중에 가장 고도화된 의식을 구현합니다.

유토피언들은 각 분야의 최고 전문가 그룹으로 활동하고 있습니다.
유토피언들은 각 분야의 최고 프로들로 활동하고 있습니다.
유토피언들은 각 분야에서 게임 체인저의 역할을 하고 있습니다.

유토피언들은 역사에서 문명 체인저의 역할을 담당하고 있습니다.
유토피언들은 역사에서 성인의 역할을 담당하는 영혼그룹입니다.
유토피언들은 역사에서 영웅의 역할을 담당하는
특수한 영혼그룹입니다.

유토피언들 중에는 높은 진동수를 가진 예술성이 풍부한 것들을
땅에 전달하기 위한 목적으로 창조된 천상의 거장들이 많습니다.

천재성이 있는 음악가나 화가들 중에 유토피언들이 많습니다.
천재성이 있는 학자나 철학자들 중에 유토피언들이 많습니다.
천재성이 있는 정치가와 경제인들 중에 유토피언들이 많습니다.

천재성이 있는 수학자나 과학자들 중에 유토피언들이 많습니다.
천재성이 있는 생명공학자들 중에 유토피언들이 많습니다.
천재성이 있는 공학자들 중에 유토피언들이 많습니다.

유토피언들은 창조성을 가지고 태어난 천재들입니다.
유토피언들은 문명의 발전에 꼭 필요한
창조적 소수의 역할을 하고 있는 하늘 사람들임을 전합니다.

지구 행성에 내려와
지구 행성의 정신문명과 물질문명의 발전에 기여한
모든 유토피언들에게 고마움과 감사함을 전합니다.

지구 행성의 차원상승 과정에서
빛의 일꾼으로 준비되고 있는 유토피언들에게
고마움과 감사함을 전합니다.

지구 행성에서 물질세계의 자미원을 건설하기 위해
빛의 일꾼으로 준비되고 있는 유토피언들에게

고마움과 감사함을 전합니다.

인간의 옷을 입고 계신
지상으로 내려오신 창조근원을 보좌하기 위해
빛의 일꾼으로 준비되고 있는 유토피언들에게
고마움과 감사함을 전합니다.

유토피언들에 대한 기록의 필요성이 있어
우데카 팀장이 이 글을 기록으로 남깁니다.

일만 이천 도통군자의 시대가 시작되었습니다

도통군자란 창조주의 분신들인 19차원 천사장들을 말합니다.
도통군자란 창조주를 보좌할 19차원 유토피언들을 말합니다.
도통군자란 마지막 때에
땅으로 내려오신 창조주를 보좌하기 위해 준비된
19차원 유토피언 빛의 일꾼들을 말합니다.

도통군자란 최고의 영적 능력을 가진 천사들을 말합니다.
도통군자란 특수한 사고조절자를 가진 천사들을 말합니다.
도통군자란 자신의 분야에서 우두머리 천사들을 말합니다.

도통군자란 대우주 통치를 위해 창조된 창조주의 분신들입니다.
도통군자란 지상의 자미원을 열기 위해 준비된 천사장들입니다.
도통군자란 창조주의 신정정치를 뒷받침해줄 천사장들을 말합니다.

도통군자란 마지막 때에 출현할 하늘 사람들을 말합니다.
도통군자란 마지막 때에 출현할 게임 체인저들을 말합니다.
도통군자란 마지막 때에 출현할 문명 체인저들을 말합니다.

도통군자란 마지막 때에 출현할 성인들을 말합니다.
도통군자란 마지막 때에 출현할 선지자들을 말합니다.
도통군자란 마지막 때에 출현할 선각자들을 말합니다.

도통군자란 창조주를 땅에서 증거할 빛의 일꾼들을 말합니다.
도통군자란 창조주를 땅에서 수행할 수행 비서들을 말합니다.
도통군자란 창조주와 같은 진동수를 가진 천사들을 말합니다.

도통군자란 무극에서 창조주를 보좌하던 천사장들을 말합니다.
도통군자란 무극에서 창조주의 최측근 천사장들을 말합니다.
도통군자란 무극에서 각 분야의 최고의 전문가 그룹을 말합니다.

도통군자란 창조주와 함께 새 하늘과 새 땅에서
새로운 정신문명을 열기 위해 준비된
오래된 유토피언 영혼들을 말합니다.

도통군자란 창조주와 함께 새하늘과 새 땅에서
새로운 물질문명을 열기 위해 테라 프로젝트에 참여한
유토피언 영혼그룹들을 말합니다.

도통군자란 창조주와 함께 새 하늘과 새 땅에서
새로운 물질세계의 자미원을 건설하기 위해
땅으로 내려와 육신의 옷을 입고 있는
일만 이천 유토피언 천사들을 말합니다.

일만 이천 도통군자들의 시대가 시작되었음을 전합니다.
일만 이천 유토피언 천사장들의 시대가 시작되었음을 전합니다.
이때를 위해 하늘에서 준비한
일만 이천 유토피언 천사들의 시대가 시작되었음을 전합니다.

아보날의 수여가 시작되었습니다

지구 행성으로 하늘의 수도가 이전하는 천도가 이루어졌습니다.
지구 행성으로 약 45조가 넘는 천사들이 내려왔습니다.
지구 행성으로 대우주의 주재자이신 창조주께서 내려오셨습니다.

지구 행성의 물질문명을 종결하기 위하여
물질계를 졸업한 14차원의 천사들인 아보날들이
빛의 일꾼들의 몸속에 들어오는 것을 아보날의 수여라 합니다.

지축이동 과정에서 안전지대인 역장에서
살아남은 인류들을 보호하고 관리하는 역할이 있는
빛의 일꾼들의 몸에 우주군인들인 아보날 그룹이 들어오는 것을
아보날의 수여라 합니다.

아보날의 수여는 14차원의 우주군인들과
16차원과 17차원, 18차원, 19차원의 우주군인들에 의해 집행됩니다.
빛의 일꾼들의 몸에 파견된 아보날 그룹은
창조주의 명령을 집행하는 최정예 우주군인들입니다.

지상으로 내려오신 창조근원의 육성명령에 의하여
지구 행성에 아보날의 수여가 시작되었습니다.

창조주의 권능 중 행성의 문명을 강제 종료시킬 수 있는
가장 강력한 행정명령인 아보날의 수여가 이루어졌습니다.

지구 행성에 육화하여 살고 있는 19차원의 천사들인 유토피언들 중
영의 교정과 영의 조물이 이루어진 빛의 일꾼들에게
창조주께서 주관하시는 아보날의 수여가 이루어졌습니다.

지구 행성에 육화하여 살고 있는 144,000명의 빛의 일꾼들 중
영의 교정과 영의 조물이 이루어진 빛의 일꾼들에게
창조주께서 주관하시는 아보날의 수여가 이루어졌습니다.

아보날의 수여는 빛의 일꾼들에게
창조주의 권능이 부여되는 것을 의미합니다.

아보날의 수여는 빛의 일꾼들이
창조주께서 부여하시는 영적 능력을 사용할 수 있음을 의미합니다.

아보날의 수여는 빛의 일꾼들이
창조주로부터 역할과 임무를 부여받는 행정명령입니다.

아보날의 수여는 빛의 일꾼들에게 하늘의 천사군단들이 배속되어
창조주의 명령을 수행한다는 것을 의미합니다.

지구 행성에 살고 있는 인류에게 배속된 천사들의 수는
평균 15명입니다.

빛의 일꾼들에게 아보날의 수여가 다음과 같이 이루어졌습니다.

영의 교정과 영의 조물이 이루어진
19차원의 빛의 일꾼인 유토피언들에게는
평균 36만명의 아보날이 몸에 배속되었습니다.

육신의 옷을 입은 창조주를 보좌하기 위하여 준비된 유토피언들에게
아보날의 수여가 이루어짐에 따라
일만 이천 도통군자의 시대가 한반도에서부터 시작되었습니다.

유토피언 그룹 중 수뇌부들에게는 약 50만명 이상의
우주군인들인 아보날들이 배속되어
화려한 영적 능력들을 펼치게 될 것입니다.

빛의 일꾼들 중 18차원의 12주영들에게는
약 18만명의 우주군인들인 아보날들이 배속되어
작전을 수행중에 있습니다.

빛의 일꾼들 중 18차원의 일반 천사들에게는
약 9만명의 우주군인들인 아보날들이 배속되어
창조주의 명령을 수행하고 있습니다.

빛의 일꾼들 중 17차원의 12주영들에게는
약 12만명의 우주군인들인 아보날들이 배속되어
작전을 수행중에 있습니다.

빛의 일꾼들 중 17차원의 일반 천사들에게는
약 7만명의 우주군인들인 아보날들이 배속되어
창조주의 명령을 수행중에 있습니다.

빛의 일꾼들 중 16차원의 일반 천사들에게는
약 5만명의 우주군인들인 아보날들이 배속되어
빛의 일꾼들과 함께하고 있습니다.

지구 행성의 물질문명을 종결하고
기존의 매트릭스들을 해체하기 위하여
빛의 일꾼들에게 아보날의 수여가 이루어졌습니다.

지구 행성의 물질문명 종결 후
안전지대인 역장에서 살아남은 인류들의 의식을 교정하고
살아남은 인류들의 의식을 깨우기 위하여
빛의 일꾼들에게 우주군인들이 배치되어 동행하게 되었습니다.

지구 행성에서 육신의 옷을 입은 창조주와 함께
선천의 물질세상을 종결하고
후천의 용화세상을 열기위해
영의 교정과 영의 조물이 이루어진 빛의 일꾼들에게
아보날의 수여가 이루어졌습니다.

지구 행성에서 육신의 옷을 입은 창조주와 함께
물질세계의 자미원을 열기 위해

영의 교정과 영의 조물이 이루어진 빛의 일꾼들에게
빛의 천사군단들인 아보날의 수여가 이루어졌습니다.

하늘의 기쁜 소식을 우데카 팀장이 전합니다.

기록의 필요성이 있어
정리의 필요성이 있어
이 글을 기록으로 남깁니다.

하늘 사람들에게 나타나는 표식

하늘 사람들은 하늘의 마음을 품은 사람들을 말합니다.
하늘 사람들은 법이 없어도 살 수 있는 사람들을 말합니다.

하늘 사람들은 하늘의 마음을 품고 살고 있는 천사들을 말합니다.
하늘 사람들은 마음속에 하늘을 늘 품고 사는 사람들을 말합니다.

하늘 사람들은 아무것도 모르는 채
인간의 옷을 입고 살고 있는 인간 천사를 말합니다.

하늘 사람들은 아무것도 기억하지 못한 채
땅에서 나무꾼을 만나 살고 있는 선녀들을 말합니다.

하늘 사람들은 땅에서 나무꾼을 만나 잘 살다가도 때가 되면
하늘로 올라가야 하는 슬픈 운명을 가진 선녀들을 말합니다.

하늘 사람들은 하늘에서 하늘의 일을 하던 천사들을 말합니다.
히늘 사람들은 우주의 진화를 담당하고 있는
귀하고 귀한 사람들입니다.

하늘 사람들이 땅에서 살게 되면
모두 하늘의 보호를 받게 됩니다.

하늘 사람들에게는 하늘이 새겨 놓은 표식이 있습니다.
하늘 사람들에게는 하늘이 심어 놓은 표식이 있습니다.

하늘 사람임을 나타내는 신분증인 우주적 신분은
심장에 새겨져 있습니다.
하늘 사람임을 상징하는 표식은 몸에 배치된 용(龍)입니다.

하늘 사람들에게는 모두 용들이 배치되어 있습니다.
하늘 사람들은 모두 용들의 보호를 받고 있습니다.

하늘 사람들에게는 태어날 때부터 용들이 함께하고 있습니다.
하늘 사람들은 자신의 용들로부터 생명을 보호받고 있습니다.

하늘 사람들에게는 영혼이 탄생될 때부터 용이 함께 조물됩니다.
하늘 사람들은 자신의 용들과 함께 평생을 함께하고 있습니다.

하늘 사람들에게는 하늘의 마음과 사람의 마음을 연결하는
빛의 통로 역할을 위해 용들이 함께하고 있습니다.

지금은 아무것도 모르는 채 땅에서 나무꾼과 살고 있지만
자신이 하늘에서는 선녀임을 잊지 말라고
그 표식으로 용들이 함께 하고 있습니다.

지금은 아무것도 기억할 수 없지만
하늘의 마음을 땅에 정박시키기 위해 애를 쓰고 있는

빛의 일꾼들을 보호하기 위해 용들이 함께하고 있습니다.

지금은 아무것도 기억할 수 없지만
선녀가 선녀의 마음을 품고 살 수 있도록 하기 위해
선녀가 나무꾼에게 운반하기로 한 에너지를 보호하기 위해
용들이 그 에너지들을 보호하고 있습니다.

지금은 아무것도 기억할 수 없지만
선녀를 선녀답게 하기 위해
선녀가 나무꾼이 되는 것을 방지하기 위해
용들이 선녀들의 에너지를 보호하고 있습니다.

지금은 아무것도 기억할 수 없지만
선녀가 천사의 마음을 품을 수 있도록 하기 위해
선녀가 천사의 에너지를 잘 발산할 수 있도록 하기 위해
용들이 선녀들의 에너지를 관리하고 있습니다.

지금은 아무것도 기억할 수 없지만
선녀가 나무꾼과 잘 살 수 있도록 하기 위해
선녀가 나무꾼을 만난 인연법을 소중하게 여기도록
용들이 참 많은 하늘의 에너지들을 공급해주고 있습니다.

지금은 아무것도 기억할 수 없지만
선녀가 나무꾼들보다 앞서가지 않게 하기 위해
선녀가 나무꾼들보다 화려하지 않도록 하기 위해

용들이 참 많은 역할을 하고 있습니다.

지금은 아무것도 기억할 수 없지만
선녀가 잃어버린 날개를 찾을 때까지
선녀가 날개를 달고 하늘로 올라갈 때까지
용들이 선녀들을 보호하고 있습니다.

하늘 사람들은 용들에 의해 보호받고 있습니다.
하늘 사람들은 용들에 의해 그 에너지가 보호되고 있습니다.

하늘 사람들은 용들에 의해 하늘과 연결되어 있습니다.
하늘 사람들은 용들에 의해 하늘과 늘 함께하고 있습니다.

하늘 사람들에게는 빨 주 노 초 파 남 보라색의 용이
함께하고 있습니다.

우주적 신분이 높은 하늘 사람들에게는
빨 주 노 초 파 남 보라색의 용들뿐만 아니라
흰색과 검은색의 용들이 함께하고 있습니다.

시절인연이 되어
의식이 깨어나고 있는 하늘 사람들에게
이 기쁜 소식을 전합니다.

인류가 모르는 용들의 비밀 ❶
용들의 세계라

용(龍)은 물질세계에서 활동하는 에너지체를 말합니다.
용은 물질세계에서만 활동하는 특수한 에너지체를 말합니다.

용은 물질세계에서 하늘과 생명체들을 연결해주는 역할을 합니다.
용은 하늘의 시스템과 인간의 시스템을
서로 연결해주는 역할을 합니다.

용들은 인간의 조물이 이루어질 때 같이 배속이 이루어집니다.
용들은 영혼의 파장에 최적화된 용들이 배치가 이루어집니다.

용과 인간은 서로 다른 차원간 공간 속에서 늘 함께하고 있습니다.
용과 인간은 서로 공감하고 공명 속에서 늘 함께하고 있습니다.

용들은 인간이 하늘의 소리를 잘 들을 수 있도록 합니다.
용들은 인간의 마음과 하늘의 마음을
연결해주는 역할을 하고 있습니다.

용들은 하늘의 마음을 생명체들에게 공급하는 역할을 합니다.
용들은 생명체들에게 절대긍정의 에너지를 공급하고 있습니다.

용들은 어떠한 부정적인 에너지를 가지고 있지 않습니다.

용들은 가장 순수한 의식을 가지고 활동하고 있습니다.

용들은 인간의 부정적인 의식들을 정화하고 있습니다.
용들은 인간의 부정적인 감정들을 정화하고 있습니다.

용들은 결속력과 친화력이 강한 에너지를 가지고 있습니다.
용들은 강한 유대감을 바탕으로
하나의 전체의식 속에서 일하고 있습니다.

용들은 인간의 마음속에 순수의식을 공급해주고 있습니다.
용들이 인간의 마음속에 주는 순수의식이 작용하면
천사의 마음으로 나타납니다.

용들은 인간의 마음속에 어울림의 에너지를 공급하고 있습니다.
용들이 주는 어울림의 에너지가 인간의 마음속에 작용하면
가까이 하고 싶은 마음이 생기게 됩니다.

용들은 인간의 마음속에 친화력의 에너지를 공급하고 있습니다.
용들이 인간의 마음속에 친화력의 에너지로 작용하면
인기가 있는 사람이 됩니다.

용들은 인간의 마음속에
조화와 균형의 에너지를 공급하고 있습니다.
용들이 인간의 마음속에 조화와 균형의 에너지로 작용하면
공동체 의식을 잘 형성하도록 하는 역할이 있습니다.

용들은 인간의 생명을 보호해주는 역할이 있습니다.
용들은 인간의 순수한 에너지를 보호하는 역할이 있습니다.

용들은 자연재해로부터 인간을 보호해주는 역할이 있습니다.
용들은 사건과 사고가 일어나기 30일 전부터
인간을 보호해주기 위해
자신의 몸집을 키우며 철저하게 준비하고 있습니다.

용들은 인간의 질병을 치유해주는 역할이 있습니다.
용들은 경락 시스템을 자유롭게 오고 갈 수 있습니다.

용들은 인간의 신통력을 도와주는 역할이 있습니다.
용들은 인간의 몸에 설치된 차원간 공간에 있는
무형의 기계장치들을 관리하고 있습니다.

용들은 인간의 의식이 깨어나는 것을 도와주는 역할이 있습니다.
용들은 영적인 능력이 발현되는 것을 도와주는 역할이 있습니다.

황금색 용은 의식을 확장시키고 의식을 깨우는 역할이 있습니다.
녹색빛 용은 치유 능력을 가지고 있습니다.
붉은색 용은 친화력과 어울림의 에너지를 제공하고 있습니다.
파란색 용은 보호하고 보존하는 역할을 하고 있습니다.
검은색 용은 물질계에서 강력한 파워를 상징합니다.

용이 입에 물고 있는 여의주는 우주적 신분을 상징합니다.

용이 입에 물고 있는 여의주는 능력을 상징합니다.
용이 입에 물고 있는 여의주는 파워를 상징합니다.

용들은 물을 좋아합니다.
용들은 물과 함께 있을 때 자신의 능력을 잘 발휘할 수 있습니다.
용들은 물과 함께 있을 때
자신의 에너지를 잘 보존할 수 있기 때문입니다.

용들은 생명체에게 진동수 높은 순수의식을 공급하는 통로입니다.
용들은 생명체들이 가지고 있는 순수한 에너지를 보호하는
수호천사의 역할을 하고 있습니다.

용들은 생명체에게 창조주 의식을 공급하는 빛의 통로입니다.
용들은 생명체에게 창조주 의식을 공급하는 에너지체입니다.

용들은 인간에게 창조주 의식을 공급하는 빛의 통로입니다.
용들은 인간에게 창조주 의식을 공급하는 에너지체입니다.

용들은 인간에게 창조주의 숨결을 공급하는 빛의 통로입니다.
용들은 인간에게 창조주의 숨결을 공급하는
하늘 일을 하는 공무원입니다.

용에 대한 정리의 필요성이 있어
용들에 대한 기록의 필요성이 있어
우데카 팀장이 이 글을 기록으로 남깁니다.

인류가 모르는 용들의 비밀 ❷

용들의 특징

용은 창조주의 의식으로 창조된 에너지체입니다.
용은 창조주의 명령을 따르고 있는 에너지체입니다.

용은 물질세계에서 일하는 특수한 에너지체입니다.
용은 물질세계에서 특수한 역할을 하는 천사입니다.

용은 물질세계에 특화된 에너지체입니다.

용은 무엇이든 될 수 있습니다.
용은 무엇이든 할 수 있습니다.

용은 다양한 에너지로 쉽게 변화할 수 있습니다.
용은 다양한 에너지로 쉽게 전환할 수 있습니다.
용은 다양한 에너지로 쉽게 바뀔 수 있습니다.

용은 다양한 모습으로 나타날 수 있습니다.
용은 다양한 형상으로 나타날 수 있습니다.
용은 다양한 형태로 자신을 나툴 수 있습니다.

용은 삼라만상의 모습으로 자신을 동기화할 수 있습니다.
용은 삼라만상의 모양으로 자신을 동일화할 수 있습니다.

용은 삼라만상의 모양으로 자신을 일체화할 수 있습니다.

용은 자신이 원하는 모습으로 언제든지 변신할 수 있습니다.
용은 자신이 원하는 의식으로 언제든지 전환할 수 있습니다.
용은 자신이 원하는 감정으로 언제든지 동기화할 수 있습니다.

용은 창조주의 순수의식으로 창조되었습니다.
용은 선악의 개념이 없으며 선호의 개념 또한 없습니다.
용은 절대긍정의 의식만을 발산하도록 창조되었습니다.

용은 모든 에너지에 친화력을 가지고 있습니다.
용은 모든 에너지에 잘 반응하고 결합합니다.
용은 모든 에너지에 잘 적응하고 일체화가 잘 이루어집니다.

용은 개별성을 가지고 있지 않습니다.
용은 개체성을 가지고 있지 않습니다.
용은 전체의식으로 움직이고 있습니다.

용은 분리와 결합이 아주 쉽습니다.
용은 순식간에 분리와 결합이 아주 빠르게 일어납니다.
용은 힘이 필요하면 서로 합치기만 하면 됩니다.

용은 하늘의 필요에 의해 비가 되기도 합니다.
용은 하늘의 필요에 의해 눈이 되기도 합니다.
용은 하늘의 필요에 의해 바람이 되기도 합니다.

용은 하늘의 에너지 작용에 의해 천둥과 번개가 되기도 합니다.
용은 하늘의 에너지 작용에 의해 태풍이 되기도 합니다.
용은 하늘의 에너지 작용에 의해 소나기와 우박이 되기도 합니다.

용은 물과 같습니다.
용은 그릇의 모양에 따라 다양하게 변하는 물과 같습니다.
용은 그릇의 크기에 따라 다양하게 변하는 물과 같습니다.

용은 물을 좋아합니다.
용은 자신의 에너지와 잘 어울리는 물을 제일 좋아합니다.
용은 물과 함께 있을 때 자신의 에너지를 잘 발산할 수 있습니다.

용은 순수한 에너지를 좋아합니다.
용은 순수한 에너지를 가지고 온 하늘 사람들을 좋아합니다.
용은 하늘의 순수한 에너지를 가지고 있는
인간의 육신의 옷을 입고 살고 있는 인간 천사들을 좋아합니다.

용들이 함께하는 사람은 하늘 사람들입니다.
용들이 함께하는 사람은 빛의 일꾼들입니다.
용들이 함께하는 사람은 선녀들입니다.

용들이 함께하는 사람은 인기가 많습니다.
용들이 함께하는 사람은 친화력이 좋습니다.
용들이 함께하는 사람은 사람 냄새가 납니다.

용들이 함께하는 사람은 순수한 사람들입니다.
용들이 함께하는 사람은 법이 없어도 살 수 있는 사람들입니다.
용들이 함께하는 사람은 느낌이 좋은 사람들입니다.

용들이 함께하는 사람은 신통력이 있는 사람입니다.
용들이 함께하는 사람은 용한 사람이 됩니다.
용들이 함께하는 사람은 그냥 아는 것이 많아집니다.

용들이 함께하는 사람들끼리는 단합이 잘됩니다.
용들이 함께하는 사람들끼리는 이심전심이 잘됩니다.
용들이 함께하는 사람들끼리는 말하지 않아도 서로를 잘 압니다.

용들이 함께하는 사람들끼리는 갈등이 생기지 않습니다.
용들이 함께하는 사람들끼리는 분열이 생기지 않습니다.
용들이 함께하는 사람들끼리는 인심이 좋습니다.

용들이 인간과 함께하는 세상을 용화세계(龍華世界)라 합니다.
용들이 인간과 동행하는 세상을 용화세계라 합니다.
용들이 인간과 함께 펼치는 에너지의 세계를 용화세계라 합니다.

순수한 용들의 에너지와 인간의 에너지가
함께 조화롭게 어우러지는 세상을 용화세계라 합니다.

에너지의 연금술사인 용들과 만물의 영장인 인간이 동행하는 세상을
용화세계라 합니다.

빛의 연금술사인 용들과 빛의 일꾼들이 함께 펼치는 세상을
용화세계라 합니다.

창조주의 순수한 의식으로 창조된 용의 에너지와
창조주의 순수한 의식으로 창조된 영혼이
인간의 몸에서 서로 만나 펼치는 에너지의 세계를
용화세계라 합니다.

시절인연이 되어
용에 대한 기록의 필요성이 있어
용에 대한 정리의 필요성이 있어
우데카 팀장이 이 글을 남깁니다.

인류가 모르는 용들의 비밀 ❸
해인의 세계라

19차원의 무극의 빛이
4차원의 물질세계에서 작용하기 위해서는
에너지의 변환이 필요합니다.

19차원의 창조근원의 의식이
4차원의 물질세계에서 펼쳐지기 위해서는
의식이 변질되지 않고 손상없이 그대로 구현할 수 있는 시스템이
반드시 필요합니다.

18차원의 자미원의 빛이
삼태극의 물질세계에 작용하기 위해서는
에너지의 변환이 필요합니다.

대우주를 통치하는 18차원의 자미원의 의식이
삼태극의 물질세계에 펼쳐지기 위해서는
의식이 변질되지 않고 손상없이 그대로 구현할 수 있는 시스템이
반드시 필요합니다.

19차원과 18차원의 빛이 삼태극의 물질세계에 작용하기 위해서는
반드시 17차원에 있는 수많은 에너지 스타게이트들을 통해서만
펼쳐질 수 있습니다.

17차원은 첫번째 삼변정기가 시작되는 에너지 스타게이트입니다.

15차원은 두번째 삼변정기가 이루어지는 에너지 스타게이트입니다.

12차원은 세번째 삼변정기가 이루어지는 에너지 스타게이트입니다.

삼변정기(三變正氣)의 에너지의 법칙을 통해
보이지 않는 세계는 보이는 세계로 펼쳐지게 됩니다.

삼변정기의 에너지의 법칙을 통해
우주의 차원의 문이 작동하고 있습니다.

삼변정기의 에너지의 법칙을 통해
우주의 차원의 문들이 작동하고 있습니다.

12차원의 문을 통과한 창조주의 빛은
용들에 의해 물질세계로 다양하게 펼쳐집니다.

12차원의 문을 통과한 창조주의 빛은
용들에 의해 12차원에서 1차원까지 차원의 문을 통과합니다.

12차원의 문을 통과한 창조주의 빛은
용들에 의해 12차원에서 1차원까지 차원의 벽을 통과합니다.

12차원의 문을 통과한 창조주의 빛은
용들에 의해 물질세상에 삼라만상으로 펼쳐지게 됩니다.

12차원의 문을 통과한 창조주의 의식은
용들에 의해 보존되고 보호가 이루어집니다.

12차원의 문을 통과한 창조주의 의식은
용들에 의해 확산되고 확장이 이루어집니다.

12차원의 문을 통과한 창조주의 의식은
용들에 의해 강력하게 집행됩니다.

용들은 물질세계에서 빛을 에너지로 전환하는 역할이 있습니다.
용들은 물질세계에서 빛을 모양으로 전환하는 역할이 있습니다.
용들은 물질세계에서 빛을 그릇으로 전환하는 역할이 있습니다.

용들은 물질세계에서 빛을 소리로 전환하는 역할이 있습니다.
용들은 물질세계에서 빛을 색으로 전환하는 역할이 있습니다.
용들은 물질세계에서 빛을 의식으로 전환하는 역할이 있습니다.

용들은 물질세계에서 최고의 빛의 연금술사입니다.
용들은 물질세계에서 최고의 에너지 연금술사입니다.
용들은 물질세계에서 최고의 의식의 연금술사입니다.

용들은 생명체의 몸에서 창조주의 숨결을 수호합니다.
용들은 생명체의 몸에서 창조주의 호흡을 관리합니다.
용들은 생명체의 몸에서 창조주의 의식인 영을 보호합니다.

삼변정기의 세계에서 해인(海印)의 숫자는 9라
삼변정기의 세계에서 해인의 실체는 용이라

삼변정기의 세계에서 용들에 의해
차원의 문이 열리니 이것이 해인이라

삼변정기의 세계에서 용들에 의해
차원의 벽이 열리고 닫히니 이것이 해인의 비밀이라

삼변정기의 세계에서 용들이 펼치는 색의 세계를
삼라만상이라 함이라

삼변정기의 세계에서 용들이 펼치는 미래세계를
용화세계라 함이라

삼변정기의 세계에서 용들이 펼치는 에너지의 세계를
해인의 세계라 합니다.

기록의 필요성이 있어
정리의 필요성이 있어
우데카 팀장이 이 글을 기록으로 남깁니다.

인류가 모르는 용들의 비밀 ❹
법신장들의 세계

절을 수호하는 신장들을 법신장(法神將)이라고 합니다.
절의 입구에 천왕문의 사천왕상이 대표적인 법신장들입니다.

법신장들을 우주에서는 용이라고 합니다.
법신장들을 지구에서는 수호신장이라고 합니다.

법신장들은 우주에서 부처님을 수호하는 역할을 합니다.
법신장들은 물질계에서 부처님의 법을 수호하는 역할을 합니다.

법신장들은 물질계를 담당하고 있는 특수 에너지체들입니다.
법신장들은 물질계에서 일하고 있는 특수한 천사 그룹입니다.

법신장들의 역할 중에는 생명체의 몸을 수호하는 역할이 있습니다.
법신장들의 역할 중에는 물질을 보호하고 보존하는 역할이 있습니다.
법신장들의 역할 중에는 자연의 변화를 일으키는 역할이 있습니다.

법신장들의 실체는 용입니다.
용들은 하늘의 일을 하는 특수한 에너지체들입니다.
용들은 삼태극 세계에서 하늘의 일을 하는 특수한 천사들입니다.

용들은 삼태극 세계에서 가장 강력한 힘을 가진 존재입니다.

용들은 삼태극 세계에서 에너지를 주관하는 특수한 존재들입니다.
용들은 삼태극 세계에서
하늘과 땅의 시스템을 이어주는 특수한 존재입니다.

용들은 물질계에서 빛을 에너지로 전환시키는 연금술사들입니다.
용들은 물질계에서 빛을 색으로 전환시키는 빛 전문가들입니다.
용들은 물질계에서 빛을 형상으로 전환하는 빛 전문가들입니다.

용들은 창조주의 에너지를
물질계에 다양하게 펼치는 에너지 연금술사들입니다.

용들은 창조주의 에너지를 물질계에 정박시키는 역할을 하는
창조주 의식으로 창조된 특수한 에너지체입니다.

용들은 창조주의 순수한 의식을
물질세상에서 보호하고 보존하는 역할을 하고 있는
창조주 의식의 분신들입니다.

봉황은 무극의 세계에 계시는 창조주의 권능을 상징합니다.
용은 삼태극 세계에서 펼쳐지는 창조주의 권능을 상징합니다.

용들의 수장은 19차원의 진동수를 가진 석가모니 부처님입니다.
용들의 수장은 17차원 태미원의 수장인
석가모니 부처님입니다.

12차원 15단계에 있는 용들은
자신의 색을 자유자재로 바꿀 수 있습니다.

동쪽을 지키는 수호신장을 지국천왕(持國天王)이라 합니다.
지국천왕의 우주적 신분은 12차원 15단계입니다.
지국천왕의 본래의 모습은 푸른 용입니다.
푸른 용은 창조주의 숨결을 상징합니다.
푸른 용은 생명체를 보호하고 수호하는 역할을 맡고 있습니다.

서쪽을 지키는 수호신장을 광목천왕(廣目天王)이라 합니다.
광목천왕의 우주적 신분은 12차원 15단계입니다.
광목천왕의 본래 모습은 흰색 용입니다.
흰색 용은 석가모니 부처님의 순수한 창조주 의식을 상징합니다.

남쪽을 지키는 수호신장을 증장천왕(增長天王)이라 합니다.
증장천왕의 우주적 신분은 12차원 15단계입니다.
증장천왕은 붉은 용의 모습을 하고 있습니다.
붉은 용은 창조주이신 석가모니 부처님의
자비와 연민의 에너지를 수호하고 보호하는 역할이 있습니다.

북쪽을 지키는 수호신장을 다문천왕(多聞天王)이라 합니다.
다문천왕의 우주적 신분은 12차원 15단계입니다.
다문천왕은 검은색 용의 모습을 하고 있습니다.
검은색 용은 물질계에서 창조주의 파워를
가장 강하게 펼칠 수 있는 존재임을 상징합니다.

팔부신장(八部神將)들은 사대천왕을 보좌하는 특수한 용들입니다.

팔부신장들은 석가모니 부처님의 명령을 받는 용 부대들입니다.

팔부신장들뿐만 아니라 많은 용들의 우주적 신분은

7차원에서 12차원까지 다양합니다.

용들은 자신의 우주적 신분에 따라

물질세계에서 하늘의 일을 하는 특수한 에너지체(용)들을 말합니다.

기록의 필요성이 있어

정리의 필요성이 있어

우데카 팀장이 이 글을 기록으로 남깁니다.

용들이 펼치는 용화세계의 비밀

용들이 물질세상에서 펼치는 에너지의 세계를
용화세계(龍華世界)라 합니다.

용들이 차원의 문을 넘어서 펼치는 에너지의 세계를
용화세계라 합니다.

용들이 차원의 벽을 넘나들며 펼치는 에너지의 세계를
용화세계라 합니다.

비물질세계의 에너지들이
물질세계의 에너지로 펼쳐지는 세계를
관세음(觀世音)의 세계라 합니다.

비물질세계의 에너지들이
물질세계에서 용들에 의해 펼쳐지는 관세음의 세계를
용화세계라 합니다.

관세음의 세계는 용들이 펼치는 에너지의 세계를 말함이라
관세음의 세계는 용들이 펼치는 에너지의 전환을 말함이라
관세음의 세계는 용들이 펼치는 에너지의 생성과 소멸이라

용들이 있기에 관세음의 세계가 물질세계에 펼쳐질 수 있음이라
용들이 있기에 삼변정기의 세계가 물질세계에 펼쳐질 수 있음이라
용들이 있기에 무극의 에너지가 태극의 세계를 지나
삼태극의 물질세계에서 삼라만상으로 드러날 수 있음이라

용들의 역할이 있기에 무극의 창조주의 의식이
태극의 세계를 지나
삼태극의 물질세계에서 왜곡없이 펼쳐질 수 있음이라

용들의 역할이 있기에 땅으로 내려온 하늘의 시스템들이
물질세계의 차원의 문과 차원의 벽들을 뚫고
자신들의 에너지를 물질세계로 자유롭게 펼칠 수 있음이라

관세음의 세계는 용들에 의해
차원간 공간에서 일어나는 에너지의 세계를 말함이라

관세음의 세계는 용들에 의해
차원과 차원 사이에서 일어나는 에너지의 전환을 말함이라

관세음의 세계는 용들에 의해
차원의 문과 차원의 벽들 사이에서 일어나는
에너지의 생성과 소멸을 말함이라

비물질세계의 에너지들이
물질세계의 다양한 빛으로 펼쳐지는 세계를 용화세계라 합니다.

비물질세계의 에너지들이
물질세계의 다양한 소리로 펼쳐지는 세계를 용화세계라 합니다.

비물질세계의 에너지들이
물질세계의 형상으로 다양하게 펼쳐지는 세계를 용화세계라 합니다.

진동수가 높은 창조주의 의식이 진동수가 낮은 물질세계에서
용들에 의해 펼쳐지는 세계를 용화세계라 합니다.

창조주의 순수의식이 물질세계에서
용들에 의해 펼쳐지는 에너지의 세계를 용화세계라 합니다.

창조주의 숨결이 물질세계에서
용들에 의해 수호되며 보존되는 세계를 용화세계라 합니다.

창조주의 권능이 용 시스템에 의해 물질세상에 펼쳐지는 세상을
용화세계라 합니다.

창조주의 권능이 용들에 의해 물질세상에 펼쳐지는 것을
용화세계라 합니다.

선천의 시대에 용들의 수장은 석가모니 부처님이었습니다.
선천의 시대에 용들은 봉황의 새끼들입니다.

후천의 시대에 용들의 수장은 미륵 부처님입니다.

후천의 시대에 새 하늘과 새 땅에서
미륵 부처님과 용들이 함께 펼치는 세상을 용화세계라 합니다.

후천의 시대에 육신의 옷을 입으신 미륵 부처님과
용들이 함께 펼치는 에너지의 세계를 용화세계라 합니다.

용화세계에 대한 기록의 필요성이 있어
용화세계에 대한 정리의 필요성이 있어
우데카 팀장이 이 글을 기록으로 남깁니다.

빛의 일꾼의 길

빛의 일꾼은 하늘에서
하늘의 일을 하기로 약속한 사람
하늘 사람을 말합니다.

빛의 일꾼은 때가 되면
예정된 시간에 의식이 깨어나
예정된 일을 함께하기로 약속한 하늘 사람을 말합니다.

빛의 일꾼은 그때가 되면
예정된 사람이 예정된 시간에
예정된 일을 하고 가는 하늘 사람을 말합니다.

빛의 일꾼은
하늘에서 약속한 사람만이
하늘에서 약속한 만큼의 지분을 가지고
하늘의 마음을 품고 하늘의 일을 하는 하늘 사람을 말합니다.

빛의 일꾼의 길은
인간의 여리고 여린
사람의 마음만으로 갈 수 있는 길이 아닙니다.

빛의 일꾼의 길은
하늘의 마음을 품은 사람이
하늘과 함께 동행하는 길입니다.

빛의 일꾼의 길은
인간의 의지로만 갈 수 있는 길이 아닙니다.
빛의 일꾼의 길은
인간의 욕심과 욕망으로 갈 수 있는 길이 아닙니다.
빛의 일꾼의 길은
하늘의 마음을 품은 하늘 사람이
하늘이 함께 동행하는 길입니다.

빛의 일꾼의 길을 가기로 예정된 당신이
남의 말을 잘 듣지 않는 사람이라면
하늘은 당신을 남의 말을 잘 들을 수 있는 곳에
배치할 수밖에 없습니다.

빛의 일꾼의 길은
하늘과 함께 동행하기로 약속한 당신이
하늘의 큰 그림을 보지 못하고
당신의 경험의 틀 안에 갇히고 당신의 에고의 틀에 갇혀
타인의 말을 듣지 않고 타인을 존중하지 않는다면
당신을 가장 낮은 자리에 있게 하겠다는
당신의 영혼과 하늘 사이의 신성한 언약이 집행될 것입니다.

빛의 일꾼의 길을 가기로 한 당신이
타인을 존중하지 않고
타인을 당신의 눈 아래에 두고 있다면
하늘은 당신의 역할을 축소할 것이며
당신을 타인의 눈 아래에 있게 할 것입니다.

빛의 일꾼의 길을 가기로 한 당신이
타인의 말이나 타인의 글들을
가슴으로 공명하지 못하고 눈으로만 읽으며
한쪽 귀로 듣고 한쪽 귀로 흘려보낸다면
하늘은 당신을 귀한 자리에 쓸 수 없음을 전합니다.

하늘의 일은
하늘의 일을 하기로 한 사람이
하늘의 일을 할 때가 되어
하늘에서 맡은 자신의 임무와 역할을
하늘과 함께 동행하며 가는 여정입니다.

하늘의 일을 하기로 한 사람은
하늘을 알아야 합니다.
하늘의 일을 하려면
하늘이 일하는 방식을 알아야 합니다.
하늘의 일을 하려면
하늘이 함께 해야만 합니다.

길을 잃은 하늘 사람을 찾습니다.
깨어나기로 약속된 하늘 사람을 찾습니다.
하늘의 마음을 품고 있는 하늘 사람을 찾습니다.

그때가 되었습니다.
마지막 때가 되었습니다.
하늘과 당신 영혼 사이의
신성한 약속의 시간이 도래하였음을
우데카 팀장이 전합니다.

낡은 물질문명을 종결하고
새로운 정신문명을 열겠다고
하늘에서 약속한 빛의 일꾼들에게
그때가 시작되었음을
하늘의 때를 알리는 황금나팔 소리를
우데카 팀장이 전합니다.

시절인연이 있는 하늘 사람들과
시절인연이 있는 빛의 일꾼들에게
우데카 팀장이 이 글을 전합니다.

제3부

개벽의 시대

지구 행성의 문명은 창조주의 에너지만으로 구성된

단지파들에 의해 펼쳐졌습니다.

단지파들이 가장 많이 태어나 있는 곳이 한반도입니다.

단지파들이 가장 많이 태어나 있는 민족은 한민족입니다.

이러한 이유로 한민족을 천손민족이라고 합니다.

이러한 이유로 한민족을 빛의 자손들이라고 합니다.

개벽이란 무엇인가?

개벽이란 새로운 하늘이 열리는 것을 의미합니다.
개벽이란 하늘이 땅이 되고 땅이 하늘이 되는 것을 말합니다.

개벽이란 하늘의 천기가 크게 변한다는 것을 의미합니다.
개벽이란 하늘의 도가 변한다는 것을 의미합니다.

개벽이란 땅속을 흐르는 지기가 크게 변한다는 것을 의미합니다.
개벽이란 땅의 덕이 변한다는 것을 의미합니다.

개벽이란 사람의 의식속에 흐르는 하늘의 에너지가
변한다는 것을 의미합니다.
개벽이란 사람의 마음속에 흐르는 하늘의 기운이
변한다는 것을 의미합니다.

개벽이란 천기와 지기와 인기가 모두 변한다는 것을 의미합니다.
개벽이란 하늘과 땅이 크게 변하고
사람도 크게 변한다는 것을 의미합니다.

개벽이란 새로운 천라지망이 설치됨을 의미합니다.
개벽이란 씨앗을 뿌리기 위해 밭을 갈아엎는 것을 의미합니다.

개벽이란 행성에 새로운 매트릭스가 설치됨을 의미합니다.
개벽이란 행성에 펼쳐져 있던 매트릭스가 붕괴됨을 의미합니다.

개벽이란 닫혀있던 우주의 차원의 문이 열리는 것을 말합니다.
개벽이란 닫혀있던 우주의 차원이 벽이 열리는 것을 말합니다.

개벽이란 닫혀있던 차원간 공간이 모두 열리는 것을 말합니다.
개벽이란 닫혀있던 차원간 공간이 통합되는 것을 말합니다.

지구 행성에 개벽의 시대가 시작되었습니다.
지구 행성에 지축이동 프로그램이 시작되었습니다.

개벽의 시대는 격변의 시대를 말합니다.
개벽의 시대는 환란의 시대를 말합니다.

개벽의 시대는 아마겟돈의 시대를 말합니다.
개벽의 시대는 모든 것이 무너지는
혼돈의 시대를 말합니다.

개벽의 시대는 아픔의 시대를 말합니다.
개벽의 시대는 생존이 제일 중요한 시대를 말합니다.

개벽의 시대는 지구 행성의 차원상승을 의미합니다.
개벽의 시대는 지구 행성의 지축의 정립을 의미합니다.

개벽의 시대의 끝에는 새 하늘과 새 땅이 펼쳐질 것입니다.
개벽의 시대의 끝에는 후천의 용화세상이 펼쳐질 것입니다.

개벽의 시대의 끝에는 새로운 정신문명이 펼쳐질 것입니다.
개벽의 시대의 끝에는 육신의 옷을 입은 창조주께서 펼치시는
신정정치의 시대가 펼쳐질 것입니다.

개벽의 시대가 땅으로 내려온 하늘에 의해 시작되었습니다.
개벽의 시대가 땅으로 내려오신 창조주에 의해 시작되었습니다.

하늘도 울고 땅도 울고 인간도 우는 시대가 시작되었습니다.

천기^{天氣}란 무엇인가?

천기란 창조주께서 생명이 살고 있는 행성의
생명유지 시스템에 공급하는 창조주의 에너지를 말합니다.

천기란 창조주께서 행성에 살고 있는 생명체들의
생명유지를 위해 공급하는 하늘의 에너지를 말합니다.

천기란 창조주께서 행성에 살고 있는 생명체들에게
백회에 있는 7개의 생명선을 통해 공급하는 에너지를 말합니다.

천기란 창조주께서 행성에 살고 있는 생명체들에게
백회에 있는 7개의 양백줄을 통해 공급하는
정보를 담은 에너지를 말합니다.

천기란 창조주께서 행성에 살고 있는 의식이 있는 생명체에게
의식을 구현할 수 있도록 공급하는 에너지를 말합니다.

천기란 창조주께서 행성에 살고 있는 지능형 생명체에게
문화와 문명을 건설할 수 있도록 공급하는 에너지를 말합니다.

천기란 창조주께서 영혼의 물질 체험을 하는 인간들에게 부여한
사고조절자가 깨어날 수 있도록 공급하는 에너지를 말합니다.

천기란 창조주께서 영혼의 물질 체험을 하고 있는 인간들에게
영의식을 깨우고 활성화시켜 줄 수 있는 에너지를 말합니다.

천기란 창조주께서 영혼의 물질 체험을 하고 있는 인간들에게
하늘의 마음인 사랑과 자비와 연민의 마음을 회복시킬 수 있도록
공급하는 창조주의 빛을 상징합니다.

천기란 창조주께서 영혼의 물질 체험을 하고 있는 인간들에게
의식이 깨어나도록 공급하는 창조주의 빛을 상징합니다.
천기란 창조주께서 영혼의 물질 체험을 하고 있는 인간들에게
양심을 회복시킬 수 있도록 공급하는 창조주의 빛을 상징합니다.

천기란 인간이 이념과 사상을 형성할 수 있도록 공급하는
하늘의 에너지를 말합니다.

천기란 인간이 국가와 인종을 넘어 진실과 가치를 존중하는
자유 민주주의자로 살 수 있도록 하는 하늘의 에너지를 말합니다.
천기란 인간이 국가와 인종을 넘어
공산주의자로 살 수 있도록 하는 하늘의 에너지를 말합니다.

천기란 빛과 어둠의 성향을 가진 사람들이
서로 치열하게 싸울 수 있도록 하늘이 공급하는 에너지를 말합니다.
천기란 빛을 더 밝은 빛으로 만들고
어둠이 더 짙은 어둠이 될 수 있도록
양극성을 강화시켜주는 하늘의 에너지를 말합니다.

천기란 민족의 정체성을 형성시켜 주기 위해
하늘이 공급하는 에너지를 말합니다.
천기란 국가의 정체성을 형성시켜 주기 위해
하늘이 공급하는 에너지를 말합니다.

자연에서 천기와 지기가 만나 정기가 형성됩니다.
자연에서 천기와 지기가 만나 다양한 문화를 형성합니다.
자연에서 천기와 지기가 만나 독특한 문명을 형성합니다.

인간의 몸에서 천기와 지기와 인기가 만나 생명이 탄생됩니다.
인간의 몸에서 천기와 지기와 인기가 결합하여 영혼백이 됩니다.
인간의 몸에서 천기와 지기와 인기가 결합하여 정기신이 됩니다.
인간의 몸에서 천기와 지기와 인기가 서로 어울려 작용하니
정기신혈이 됩니다.

인간의 몸에서 천기와 지기와 인기가 만나
개체성과 고유성을 띤 천부인권을 지닌 인간이 탄생됩니다.
인간의 몸에서 천기와 지기와 인기가 만나 천부인권을 가진
다양한 인간 군상들이 탄생됩니다.

천기에 대한 정리의 필요성이 있어
기록의 필요성이 있어
우데카 팀장이 이 글을 기록으로 남깁니다.

지기^{地氣}란 무엇인가?

천기를 하늘의 도라 말하며
지기를 땅의 덕이라 합니다.
천기와 지기를 합쳐 도덕이라 합니다.

천기는 하늘 스스로 정한 길이며 이념과 사상의 스펙트럼이라
지기는 영혼의 물질 체험을 하는 생명체들의
성장과 열매를 얻기 위함이니
천기와 지기를 합쳐 길과 얻음이라 합니다.

천기와 지기가 자연에서 만나면 정기가 됩니다.
천기와 지기가 생명체에서 만나면 정신이 됩니다.
천기와 지기와 인기가 생명체에서 만나면 정기신이 됩니다.
천기와 지기와 인기가 인간의 몸에서 만나면 정기신혈이 됩니다.

천기와 지기가 강과 바다에서 만나니
생명을 순환시키는 정기가 됩니다.
천기와 지기가 산에서 만나니 생명을 품은 정기가 되고
천기와 지기가 들에서 만나니 생명을 기르는 정기가 됩니다.

지기란 땅이 생명을 품고 생명을 기를 수 있도록 공급하는
땅속을 흐르는 에너지를 말합니다.

지기란 산이 생명을 품고 생명을 기를 수 있도록 공급하는
산에 흐르는 에너지를 말합니다.

지기란 강이 생명을 품고 생명을 기를 수 있도록 공급하는
강에 흐르는 에너지를 말합니다.

지기란 창조주께서 생명을 기르기 위해
땅에서 생명체에게 공급하는 에너지를 말합니다.

지기란 창조주께서 의식이 있는 생명체를 기르기 위해
땅에서 생명체에게 공급하는 에너지를 말합니다.

지기의 성질에 따라 지표면의 지형이 달라집니다.
지기의 성질에 따라 유행하는 질병이 다릅니다.
지기의 성질에 따라 기후와 식생이 달라집니다.

지기의 성질에 따라 토질이 달라집니다.
지기의 성질에 따라 생산되는 농산물이 서로 다릅니다.
지기의 성질에 따라 생산되는 농산물의 맛이 조금씩 다릅니다.

지기의 성질에 따라 지역마다 독특한 문화가 다릅니다.
지기의 성질에 따라 지역마다 사용하는 언어가 다릅니다.
지기의 성질에 따라 나라마다 다양한 지역 문화가 나타납니다.

지기의 성질에 따라 그곳에 살고 있는 사람들의 성격이 다릅니다.

지기의 성질에 따라 그곳에 살고 있는 사람들의 기질이 다릅니다.
지기의 성질에 따라 그곳에 살고 있는 사람들의 문화가 다릅니다.

전라도 사람을 전라도 사람으로 만드는 것이 지기입니다.
경상도 사람을 경상도 사람으로 만드는 것이 지기입니다.
충청도 사람을 충청도 사람으로 만드는 것이 지기입니다.

일본 사람을 일본 사람으로 만들어주는 것이 지기입니다.
중국 사람을 중국 사람으로 만들어주는 것이 지기입니다 .
한국 사람을 한국 사람으로 만들어주는 것이 지기입니다.

미국 사람을 미국 사람답게 만들어주는 것이 지기입니다.
영국 사람을 영국 사람답게 만들어주는 것이 지기입니다.
스코틀랜드 사람을 스코틀랜드인으로 만드는 것이 지기입니다.

지기는 속지주의의 경향을 가지고 있습니다.
지기가 같으면 서로 공통된 문화를 이루며 살 수 있습니다.
지기가 같으면 다양한 인종이 하나의 나라를 이룰 수 있습니다.

땅의 기운이 서로 다르면 하나의 나라를 이루기 어렵습니다.
땅의 기운이 서로 다르면 하나의 민족을 형성하기 어렵습니다.
땅의 기운이 서로 다르면 하나의 의식을 형성하기 어렵습니다.

하늘은 천기와 지기를 통해 행성을 운영합니다.
하늘은 천기와 지기를 통해 국가의 흥망성쇠를 결정합니다.

하늘은 천기와 지기를 통해 민족의 흥망성쇠를 결정합니다.
하늘은 천기와 지기를 통해 부족의 흥망성쇠를 결정합니다.

지기란 창조주께서 행성이 창조될 때 심어 놓은
행성 가이아의 의식에서 나오는 게(Ge) 에너지를 말합니다.

지기란 창조주께서 생명체를 기르기 위해
행성 가이아 시스템을 통하여 공급되는 에너지를 말합니다.

하늘은 천기와 지기와 인기를 통해
행성의 진화 로드맵을 결정합니다.

하늘은 천기와 지기와 인기를 통해
행성에 입식되는 생명체의 종을 결정합니다.

하늘은 천기와 지기와 인기를 통해
행성에 입식되는 의식이 있는 생명체를 관리합니다.

지기에 대한 정리의 필요성이 있어
기록의 필요성이 있어
이 글을 우데카 팀장이 기록으로 남깁니다.

인기^{人氣}란 무엇인가?

인기란 생명체들이 생명을 유지할 수 있도록 공급되는
하늘의 에너지를 말합니다.

인기란 삼라만상에 존재하는 생명체들에게
하늘이 공급하는 백 에너지를 말합니다.

인기란 감정을 표현할 수 있는 생명체가 감정을 구현할 수 있도록
하늘이 공급하는 에너지를 말합니다.

인기란 의식이 있는 생명체가 의식을 구현할 수 있도록
하늘이 공급하는 에너지를 말합니다.

인기란 인간의 개체성과 고유성이 발현될 수 있도록
백회에 있는 7개 생명선을 통해
하늘이 공급하는 에너지를 말합니다.

인기란 인간이 예술성과 달란트가 발현될 수 있도록
백회에 있는 7개 양백줄을 통해
하늘이 공급하는 에너지를 말합니다.

인기는 생명체의 생리작용에 작용하는 에너지입니다.

백인은 백인의 몸에 맞는 에너지를 하늘로부터 받습니다.
흑인은 흑인의 몸에 맞는 에너지를 하늘로부터 받아야 합니다.
황인종은 황인종의 몸에 맞는 에너지를 하늘로부터 공급받아야
황인종의 몸으로 살아갈 수 있게 됩니다.

백인의 몸에 맞는 에너지는 흑인에게 맞지 않습니다.
서양인의 몸에 들어가는 하늘의 에너지와
동양인의 몸에 들어가는 하늘의 에너지는 서로 다릅니다.

백인을 백인답게 만들어주는 하늘의 에너지가 인기입니다.
흑인을 흑인답게 만들어주는 하늘의 에너지가 인기입니다.

서양인을 서양인답게 만들어주는 하늘의 에너지가 인기입니다.
동양인을 동양인답게 만들어주는 하늘의 에너지가 인기입니다.

인기는 생명체의 의식과 감정에 작용하는 하늘의 에너지입니다.
인기는 인간의 개성을 만들어주는 에너지입니다.
인기는 남성을 남성답게 만들어주는 에너지입니다.
인기는 여성을 여성답게 만들어주는 에너지입니다.

하늘에서 공급되는 인기가 많을수록 인기가 많은 사람이 됩니다.
하늘에서 공급되는 인기가 많을수록 재주가 출중해집니다.
하늘에서 공급되는 인기가 많을수록 능력있는 사람이 됩니다.
하늘에서 공급되는 인기가 많을수록 성공한 사람이 됩니다.
하늘에서 공급되는 인기가 많을수록 개성이 강한 사람이 됩니다.

유태인에게 공급되는 인기는 다릅니다.
독일인과 프랑스인에게 공급되는 인기는 다릅니다.
중국의 소수민족들에게 공급되는 하늘의 인기는 모두 다릅니다.

한국인을 천손민족이나 배달의 민족으로 만드는 것은 천기입니다.
한국인을 한국인답게 만드는 것은 지기입니다.
한국인들 중에 개성있는 한국인으로 만드는 것은 인기입니다.

미국에 살고 있는 한국인은
미국의 천기와 지기를 받으며 살고 있습니다.
미국에 살고 있는 한국인은 미국인들의 인기가 아닌
한국인들이 받는 인기를 받으며 살아야 합니다.

인기는 생명체가 태어날 때 정해집니다.
인기는 생명체가 어디에 있든 어느 곳에 있든
하늘에서 공급되는 인기의 에너지는 변하지 않습니다.
인기는 생명체의 유전형질이 변하면
그때 변형되어 공급됩니다.

하늘은 천기와 지기와 인기를 통하여
하늘과 모든 생명체들은 서로 연결되어 있습니다.

하늘은 천기와 지기와 인기를 통하여
하늘로부터 모든 생명체들은 안전하게 보호받고 있습니다.

하늘은 천기와 지기와 인기를 통하여
영혼의 물질체험을 하고 있는
영혼의 진화 여정을 관리하고 있습니다.

하늘은 천기와 지기와 인기를 통하여
하늘로부터 인간은 완전한 관리와 통제속에 살고 있습니다.

인기에 대한 정리의 필요성이 있어
기록의 필요성이 있어
우데카 팀장이 이 글을 기록으로 남깁니다.

한반도가 세계의 중심이 될 수밖에 없는 이유 ❸
개벽의 시대와 한반도

한반도에서 창조주의 시대가 시작되었습니다.
한반도에서 인황의 시대가 시작되었습니다.
한반도에서 후천의 시대가 시작되었습니다.

한반도에서 선천의 하늘을 마무리하기 위한
지구 행성의 물질문명을 종결하기 위한 절차가 시작되었습니다.
한반도에서 선천의 하늘을 종결하고
한반도에서 후천의 하늘인 지상의 자미원을 열기 위해
창조주께서 한반도 땅에 내려와 공식 업무를 시작하였습니다.

한반도에서 석고웅성을 통해 인황의 출세를 선포할 것입니다.
한반도에서 새로운 정신문명을 열기 위해
문명 종결자들인 빛의 일꾼들과 함께
아보날의 수여를 집행할 것입니다.
한반도에서부터 자미원의 건설을 시작할 것입니다.

한반도는 지구 행성의 문명이 처음 시작된 곳입니다.
한반도는 지구 행성에서 아담과 이브 프로젝트가
처음으로 시작된 곳입니다.
한반도는 지구 행성의 정신문명의 중심이 될 곳입니다.
한반도는 자미원이 건설될 곳입니다.

한반도는 대우주의 중심이 될 예정입니다.

한반도는 지구 행성이 탄생될 때부터
모든 지각판들이 연결되어 있는 지구 행성의 배꼽입니다.
한반도는 지구 행성에 창조주의 빛이 들어오는
스타게이트가 집중되어 있는 곳입니다.
한반도는 지상으로 내려오신 창조주께서
자신의 뜻을 펼칠 곳입니다.

한반도는 지구 행성의 축소판입니다.
한반도는 어둠의 정부 13가문을 움직이는
어둠의 정부의 수장과 최고의 가문이 살고 있는 곳입니다.
한반도에 태어난 한민족이
전세계의 어둠의 가문을 움직이는 핵심적인 위치에 포진하여
업무를 수행중입니다.
한반도는 가장 밝은 빛이 있는 곳인 동시에
한반도는 가장 어둠이 짙은 곳입니다.

한반도는 외계 행성에서 온 수뇌부들이 육신의 옷을 입고
자신들의 카르마를 해소하기 위해 태어나 살고 있는 곳입니다.
한반도는 우주 해적 출신의 카르마를 가진 수뇌부들이
자신의 카르마를 해소하기 위해 태어나 살고 있는 곳입니다.
한반도는 빛의 일꾼의 수뇌부들이 태어나 살고 있는 곳입니다.
한반도는 빛의 일꾼들이 가장 많이 태어나 살고 있는 곳입니다.

한반도는 물질문명 종결 후
새 하늘과 새 땅이 처음으로 펼쳐질 축복의 땅입니다.
한반도는 물질문명 종결 후
새로운 문명인 수정문명이 가장 먼저 펼쳐질 약속의 땅입니다.
한반도는 물질문명 종결 후
새로운 정신문명이 가장 먼저 펼쳐질 약속의 땅입니다.
한반도는 물질문명 종결 후
새로운 정신문명을 열기 위해
창조주께서 주관하는 아보날의 수여가 예정된 유일한 곳입니다.

그때를 위해 한반도에는
지구 행성에 살고 있는 각 민족들의 수뇌부들이
육신의 옷을 입고 태어나 살고 있는 곳입니다.
그때를 위해 한반도에는
지구 행성에 새롭게 문명을 펼칠 사람들이
외국인으로 들어와 한반도에 살고 있습니다.
그때를 위해 한반도에는
지구 행성에서 새롭게 펼쳐지는 문명들을 건설하기 위해
지역을 대표하고 나라를 대표하고 민족을 대표하는
영혼그룹들이 한민족으로 태어나 살고 있습니다.

마지막 때가 시작이 되면
한반도로 수많은 인자들이 하늘의 소리를 찾아 몰려들 것입니다.
그때가 시작이 되면
한반도에 수많은 인자들이 하늘의 소리를 듣고 몰려들 것입니다.

그때가 시작이 되면 한반도는 지구 행성의 중심이 될 것입니다.
그때가 시작이 되면 한반도로 인류의 관심이 집중될 것입니다.

개벽의 시대에 한반도는
모든 문제를 해결할 수 있는 유일한 곳이 될 것입니다.
개벽의 시대에 한반도는
창조주께서 펼치는 이적과 기적의 무대가 될 것입니다.
개벽의 시대에 한반도는
창조주의 권능이 펼쳐지는 2천년 전 이스라엘이 될 것입니다.

개벽의 시대에 한반도는 원시반본의 땅이 될 것입니다.
개벽의 시대에 한반도는 시종여일의 땅이 될 것입니다.
개벽의 시대에 한반도는 축복의 땅이 될 것입니다.
개벽의 시대에 한반도는 약속의 땅이 될 것입니다.
개벽의 시대에 한반도는 신성한 땅이 될 것입니다.

개벽의 시대에 한민족은 의식이 가장 많이 깨어난 민족이 될 것입니다.
개벽의 시대에 한민족은 세계의 중심이 될 것입니다.
개벽의 시대에 한민족은 재난에서 가장 많이 살아남아
창조주와 함께 자미원을 이끌어가는 핵심이 될 것입니다.

후천의 시대에 한반도는 지구 행성의 중심이 될 것입니다.
후천의 시대에 한반도는 대우주에 하나뿐인 자미원이 될 것입니다.
후천의 시대에 한반도는 대우주의 중심이 될 것입니다.

강화도 마니산 정기의 비밀

한반도는 창조주의 에너지를 가장 많이 가진 영혼 그룹들인
단지파들이 가장 많이 태어나 살고 있는 곳입니다.
한반도는 선천의 시대에 물질문명의 중심이 되었던 곳입니다.
한반도는 후천의 시대에 정신문명의 중심이 될 것입니다.

한반도는 원시반본의 땅입니다.
한반도는 지구 행성의 문명이 처음 시작된 곳이며
한반도는 지구 행성의 문명이 종결되는 곳입니다.

한반도는 신성한 땅입니다.
한반도는 새로운 정신문명이 처음 시작되는 곳이며
한반도는 태초의 창조주의 언약이 집행되는 곳입니다.

한반도는 하늘의 에너지를 공급받는 스타게이트들이
가장 많이 설치되어 있는 곳입니다.
한반도는 하늘에서 공급받은 에너지들을 지구 행성 곳곳에
전달하는 스타게이트들의 중심지입니다.

한반도에 살고 있는 천손민족에게 천손민족임을 잊지 말라고
하늘의 에너지를 지속적으로 공급하여 왔습니다.
한반도에 살고 있는 단지파들에게 자부심과 긍지를 잊지 말라고

하늘의 정기인 천기와 지기와 인기를 공급해 왔습니다.

하늘이 한반도에 살고 있는 한민족의 정체성을 잃지 않도록
하늘의 정기를 지속적으로 공급하여 왔습니다.

하늘로부터 공급되는 천기의 성질에 따라
민족의 정신문명과 물질문명의 수준이 결정됩니다.
하늘로부터 공급되는 지기의 성질에 따라
민족의 문화적 특성이나 지역적 특성이 결정됩니다.
하늘로부터 공급되는 인기의 성질에 따라
사람의 성격이나 민족의 기질이 결정됩니다.

한반도에 천기와 지기와 인기를 공급하는 메인 시스템은
경복궁이 있는 상공의 차원간 공간에 존재하고 있습니다.

서울 경복궁 상공에 있는 메인 시스템을 중심으로
상층부와 중간층과 하부 층위의 수직적 구조를 가지고
한반도에 정기를 공급하여 왔습니다.

서울 경복궁 상공에 있는 메인 시스템을 중심으로
상층부에 4방향에서 정기를 공급하는 에너지 센터가 있습니다.
상층부에 존재하는 에너지 센터는 다음과 같습니다.

북쪽에서는 백두산에서 한반도에 정기를 공급해 왔습니다.
남쪽에서는 한라산에서 한반도에 정기를 공급해 왔습니다.

동쪽에서는 동해 바다 상공에서 한반도에 정기를 공급해 왔습니다.
서쪽에서는 서해 바다 상공에서 한반도에 정기를 공급해 왔습니다.

한반도의 동서남북 4방향에서 공급된 천기와 지기와 인기들은
오랜 세월동안 한민족의 정체성을 유지시켜 주었습니다.
한반도의 동서남북 4방향에서 들어온 하늘의 기운들은
한반도 곳곳에 공급되어 역동적인 에너지로 작용하였습니다.

한반도에 정기를 공급하는 시스템은
시대에 따라 조금씩 변화해 왔습니다.

역사시대 이전에 펼쳐졌던 상고시대에
정신문명을 주도했던 정기 공급 센터의 중심은
강화도 마니산이었습니다.

강화도 마니산은 환인과 환웅과 단군의 시대를 거치는 오랜 세월동안
한반도에 하늘의 정기를 공급해주는 에너지 센터 중 하나였습니다.

한반도에는 강화도 마니산 이외에도
하늘의 정기를 공급해주는 에너지 센터가
여러 곳에 설치되어 운영되어 왔습니다.

강화도 마니산은 한반도에서 단군의 시대를 마감하는 순간까지
아주 오랫동안 하늘의 정기를 공급해주는 스타게이트 역할을
충실하게 수행해 주었습니다.

역사시대에 들어와서는 삼국시대에 변경이 이루어졌습니다.
하늘에서 공급하던 정기의 에너지가 먼저 변해야
새로운 시대에 맞는 문화와 문명이 펼쳐질 수 있는 것이
우주의 법칙입니다.

한반도에 하늘의 정기를 공급하던 에너지는
고려시대에 독특한 문화를 위해 한 번 더 변경이 이루어졌습니다.
지금의 한반도의 정기의 공급망은 조선시대에 설치되어
지금까지 운영되고 있습니다.

시대에 따라 하늘에서 공급하는 정기의 에너지가 변해왔습니다.
시대에 따라 하늘에서 정기를 공급하는 에너지 센터 역시
변해왔습니다.

강화도 마니산을 통한 정기의 공급은 중단된지 오래 되었습니다.
강화도 마니산은 지금은 그 역할을 다하고
에너지 센터가 폐쇄되어 있습니다.

새로운 시대에는 새로운 에너지 센터가 필요합니다.
2021년 10월 3일 땅으로 내려온 하늘에 의해
후천의 하늘이 열렸습니다.

2021년 10월 3일 땅으로 내려온 창조주의 중심의식에 의해
후천의 하늘이 열렸습니다.

후천의 시대를 열어갈 정기의 공급망인
천기와 지기와 인기를 공급하는 에너지 스타게이트들이
2021년 1월부터 새롭게 설치되기 시작되었습니다.

후천의 시대를 열어갈 새로운 정기의 공급망은
한반도에 있는 충북 청주를 중심으로
새롭게 정비되었음을 전합니다.

대우주의 기쁜 소식을
우데카 팀장이 전합니다.

백두산 정기의 실체

나라마다 신성하게 여기는 지역이 있습니다.
민족마다 신성하게 여기는 지역이 있습니다.
마을마다 신성하게 여기는 상징물이 있습니다.

백두산은 백두 민족인 한민족의 성지라고 알려져 있습니다.
백두산 주변에 살고 있는 사람들은
백두산의 정기를 받아 태어난다고 믿고 있습니다.

지역마다 신성하게 여기는 산이 있고 강이 있습니다.
그 지역에 살고 있는 사람들은
그들이 신성하게 여기는 산의 정기를 받고 있다고 믿고 있습니다.

마을마다 신성하게 여기는 나무가 있습니다.
그 마을에서 태어나 살고 있는 사람들은
그들이 신성하게 여기는 나무의 기운을 받으며 살고 있다고
그렇게 믿고 살고 있습니다.

같은 지역이나 같은 공간에 살고 있는 사람들에게
비슷한 생각과 의식이 발생하도록
유사한 생활 습관과 문화를 형성하도록
하늘이 공급하는 에너지를 천기(天氣)라고 합니다.

같은 지역에 살고 있는 생명체들과
같은 공간에 살고 있는 사람들에게
그 지역만의 특징을 나타날 수 있도록
하늘이 공급하고 있는 에너지를 지기(地氣)라고 합니다.

그 지역의 지리적 환경이나 자연 환경에 따라
그 지역만의 독특한 문화를 발생시키고
경상도 사람을 경상도 사람처럼 만들고
전라도 사람을 전라도 사람처럼 만들고
일본에 살고 있는 사람을 일본 사람처럼 만들고
미국에 살고 있는 사람을 미국 사람처럼 만들기 위해
하늘이 공급하고 있는 에너지를 지기라고 합니다.

같은 지역에 살고 있는 서로 다른 부족민들에게
같은 지역에 살고 있는 서로 다른 민족들에게
같은 나라에 살고 있는 서로 다른 인종들에게
같은 나라에 살고 있는
다문화 가정을 이루고 살고 있는 사람들에게
개성을 잃지 않게 하기 위해
개체성과 고유성을 유지할 수 있도록
하늘이 공급하는 에너지를 인기(人氣)라고 합니다.

동양문화의 한 부분을 차지하고 있는 풍수지리학은
하늘이 공급하고 있는 천기와 지기의 흐름을 연구하여
인간의 길흉화복과 연결시킨 학문입니다.

천기와 지기를 공급하는 하늘의 공급망들이
지구 행성의 차원간 공간에 거미줄처럼 존재하고 있습니다.

지역마다 높은 산을 경계로 자연 환경이 다르고 토질이 다릅니다.
지역마다 산이나 강을 경계로
생산되는 농산물이 다르고 사람들의 기질이 다릅니다.

지역에서 가장 높은 산의 계곡과 골짜기의 땅 밑에는
그 지역에 지기를 공급하는 에너지 센터가 설치되어 있습니다.
그 지역에 살고 있는 사람들은 직감적으로
이곳이 다른 곳과 다른 에너지가 흐르고 있음을 인식하고
신성하게 여겼습니다.

마을마다 인기를 공급하는 에너지 센터가 있습니다.
인기의 공급은 사람이 사는 곳에
인기를 공급하는 에너지 센터가 위치해 있습니다.
인기를 공급하는 에너지 센터는 마을의 중앙에 있거나
마을 입구에 위치한 경우가 많을 수밖에 없습니다.
이곳에 마을 사람들이 나무를 심거나
성황당을 모시거나 하는 방법을 통해
그곳을 신성시하였던 것입니다.

천기와 지기를 공급하는
하늘의 에너지 공급망들이 설치되어 있는 곳은
대부분 사람들이 신성하게 여기는 곳과 일치합니다.

백두산 상공에는 인간의 눈에는 보이지 않지만
하늘의 천기를 공급하는 에너지 센터가 있습니다.
백두산 천지의 상공에는 천기를 공급하는
거대한 에너지 센터가 존재하고 있습니다.

백두산 주변의 땅속에는 현재의 과학기술로는 확인할 수 없지만
하늘의 지기를 공급하는 에너지 센터 12개가 설치되어
지기를 공급하고 있습니다.

백두산 주변에 있는 3곳에
인기를 공급하는 에너지 센터가 설치되어 있습니다.
이곳을 통해 공급된 인기는
고구려인들의 진취적인 기상과 호탕한 성격을 형성시켜 주었습니다.

백두산을 중심으로 그 주변 지역에
하늘의 천기와 지기와 인기가 유구한 역사 동안 공급되었습니다.
이것이 백두산 정기의 실체입니다.

백두산 주변에 살고 있던 사람들은
백두산에서 주변 지역에 공급하고 있던
하늘의 천기와 지기와 인기가 신성하다는 것을
직감적으로 알고 있었습니다.

백두산에서 공급하는 하늘의 천기와 지기는
하늘의 에너지 공급망을 따라

연해주 일대와 만주 일대와 동북 3성에 걸쳐 광범위하게
공급되고 있음을 전합니다.

하늘의 천기를 같이 공급받고 있는 사람들의 생각과 의식은
서로 비슷하게 형성됩니다.
하늘의 지기를 같이 공급받고 있는
그 지역 사람들의 성격과 기질은 서로 비슷하게 형성됩니다.
하늘의 인기를 같이 공급받고 있는 사람들은
깊은 공동체 의식과 함께 유대감이 나타나게 됩니다.

지금은 많이 잊혀졌지만
학교에 가서 교가를 배우고 부를 때
가장 처음에 공통으로 나타나는 것은
(무슨 무슨) 정기로 시작되는 노래 가사일 것입니다.

한민족의 상징 코드로 남아 있는
백두산 정기에 대한 비밀을 전합니다.

기록의 필요성이 있어
정리의 필요성이 있어
이 글을 기록으로 남깁니다.

한라 정기의 비밀

한반도는 창조주의 에너지를 가장 많이 가진 영혼 그룹들인
단지파들이 가장 많이 태어나 살고 있는 곳입니다.
한반도는 선천의 시대에 물질문명의 중심이 되었던 곳입니다.
한반도는 후천의 시대에 정신문명의 중심이 될 것입니다.

한반도는 하늘의 에너지를 공급받는 스타게이트들이
가장 많이 설치되어 있는 곳입니다.
한반도는 하늘에서 공급받은 에너지들을
지구 행성 곳곳에 전달하는 스타게이트들의 중심지입니다.

한반도에 살고 있는 천손민족에게 천손민족임을 잊지 말라고
하늘의 에너지를 지속적으로 공급해 왔습니다.
한반도에 살고 있는 단지파들에게 자부심과 긍지를 잊지 말라고
하늘의 정기인 천기와 지기와 인기를 공급해 왔습니다.
하늘이 한반도에 살고 있는 한민족의 정체성을 잃지 않도록
하늘의 정기를 지속적으로 공급해 왔습니다.

북쪽에서는 백두산에서 한반도에 정기를 공급해 왔습니다.
남쪽에서는 한라산에서 한반도에 정기를 공급해 왔습니다.
동쪽에서는 동해 바다 상공에서 한반도에 정기를 공급해 왔습니다.
서쪽에서는 서해 바다 상공에서 한반도에 정기를 공급해 왔습니다.

한반도의 동서남북 4방향에서 공급된 천기와 지기와 인기들은
한민족의 정체성을 유지시켜 주는 빛이 되었습니다.
한반도의 동서남북 4방향에서 들어온 하늘의 기운들은
한반도 곳곳에 공급되어 역동적인 에너지로 작용하였습니다.

한반도의 남쪽에 있는 한라산에서 공급되었던
천기 지기 인기의 특징은 다음과 같습니다.

한라산 백록담의 상공에는
천기를 공급하는 대형 에너지 센터에서
5개의 천기를 공급하고 있습니다.

한라산 땅속에는 지기를 공급하는 대형 에너지 센터가 있으며
이곳에서 5개의 지기를 공급하고 있습니다.

한라산의 상공에는 인기를 공급하는 대형 에너지 센터가 있으며
이곳에서 인간의 심장으로 12가지의 인기를 공급하고 있습니다.

한라산에서 공급되는 한라 정기는 남한 지역에 공급되고 있습니다.
한라 정기는 한반도 최남단에서
남한 지역 전체에 공급되고 있으며
국가의 영역을 정하는 역할을 하고 있습니다.

한라 정기는 남한 사람들의
공통적인 정신과 이념을 형성시켜 주는 에너지입니다.

한라 정기는 한국인들의
잡초같은 강한 근성이 나오도록 하는 에너지입니다.

한라 정기는 한민족이 수많은 외세의 침입에 항복하지 않고
끝까지 저항할 수 있도록 하는 에너지로 작용하였습니다.

한라 정기는 한민족이 일제 식민지배를 견디고 이겨낼 수 있도록
강한 근성을 공급해 주었습니다.

한라 정기는 한국인을
의지의 한국인으로 만드는 역할을 하였습니다.

한라산에서 공급되는 한라 정기를 통해 하늘은
창조주의 에너지를 가장 많이 가지고 있는 단지파들이
물질이 주는 달콤함에 빠지지 않도록
순수성을 잃지 않도록 하였습니다.

한라산에서 공급되는 한라 정기를 통해 하늘은
창조주의 에너지를 가장 많이 가진 영혼들이 모여 살고 있는
천손민족의 순수성을 잃지 않도록 하였습니다.

한라산에서 공급되는 한라 정기를 통해 하늘은
한민족이 천손민족임을 잊지 말라고
한국인의 심장에 순수성을 잃지 않도록
에너지를 공급해 주었습니다.

한라산의 정기는 한민족의 정체성을 형성시켜 주었습니다.
한라산의 정기는 한국인의 정체성을 형성시켜 주었습니다.

한라산의 정기는 이제 그 역할을 마무리하게 될 것입니다.
한라산의 정기는 폐쇄를 앞두고 있습니다.
한라산의 정기는 지축의 정립 이후 순차적으로 폐쇄될 것입니다.

새 술은 새 부대에 담아야 하듯
지축의 정립 후 지구 행성은 새 하늘과 새 땅이 될 것입니다.

새 하늘과 새 땅의 의미는
17차원의 천기에서 18차원의 천기로의 전환을 의미합니다.

새 하늘과 새 땅의 의미는 지상으로 내려오신 창조주에 의해
지구 행성에 새로운 천기 지기 인기가 공급되는 것을 의미합니다.

한라 정기에 대한 정리의 필요성이 있어
한민족의 정기에 대한 기록의 필요성이 있어
우데카 팀장이 이 글을 기록으로 남깁니다.

태백산 정기의 비밀

한반도는 원시반본의 땅입니다.
한반도는 지구 행성의 문명이 처음 시작된 곳이며
한반도는 지구 행성의 문명이 종결되는 곳입니다.

한반도는 신성한 땅입니다.
한반도는 새로운 정신문명이 처음 시작되는 곳이며
한반도는 태초의 창조주의 언약이 집행되는 곳입니다.

한반도는 하늘의 에너지를 공급받는 스타게이트들이
가장 많이 설치되어 있는 곳입니다.
한반도는 하늘에서 공급받은 에너지들을 지구 행성 곳곳에
전달하는 스타게이트들의 중심지입니다.

한반도에 살고 있는 천손민족에게 천손민족임을 잊지 말라고
하늘의 에너지를 지속적으로 공급해 왔습니다.
한반도에 살고 있는 단지파들에게 자부심과 긍지를 잊지 말라고
하늘의 정기인 천기와 지기와 인기를 공급해 왔습니다.

하늘이 한반도에 살고 있는 한민족의 정체성을 잃지 않도록
하늘의 정기를 지속적으로 공급해 왔습니다.

하늘로부터 공급되는 천기의 성질에 따라
민족의 정신문명과 물질문명의 수준이 결정됩니다.
하늘로부터 공급되는 지기의 성질에 따라
민족의 문화적 특성이나 지역적 특성이 결정됩니다.
하늘로부터 공급되는 인기의 성질에 따라
사람이나 성격이나 민족의 기질이 결정됩니다.

한반도에 천기와 지기와 인기를 공급하는 메인 시스템은
경복궁이 있는 상공의 차원간 공간에 존재하고 있습니다.

서울 경복궁 상공에 있는 메인 시스템을 중심으로
상층부와 중간층과 하부 층위의 수직적 구조를 가지고
한반도에 정기를 공급하여 왔습니다.

한반도에 정기를 공급하는 시스템은
시대에 따라 조금씩 변화해 왔습니다.
역사시대 이전에 펼쳐졌던 상고시대 정신문명을 주도했던
정기 공급 센터의 중심은 강화도 마니산이었습니다.
역사시대에 들어와서는 삼국시대와 고려시대에 변경이 이루어졌으며
지금의 정기의 공급망은 조선시대에 설치된 것입니다.

한반도에 정기를 공급하는 중간층위에 설치되어 있는 센터는
서울을 경계로 북쪽과 남쪽 2곳입니다.
북쪽의 정기 공급망은 낭림산맥입니다.
남쪽의 정기 공급망은 태백산맥입니다.

한반도에 정기를 공급하는 하부층위에 있는 에너지 센터는
매우 촘촘하게 설치되어 있으며 그 숫자가 많습니다.

북쪽은 낭림산맥을 중심으로 뻗어나온 산맥을 따라
북한 지역에 정기를 공급하는 에너지 공급망들이 그물망처럼
설치되어 운영되었습니다.

남쪽은 태백산맥을 중심으로 뻗어나온 산맥을 따라
남한 지역에 정기를 공급하는 에너지 공급망들이 그물망처럼
설치되어 운영되었습니다.

태백산맥이 있는 하늘의 중간층위에 천기를 공급하는
작은 규모의 에너지 센터 1개가 가동중에 있습니다.
태백산맥이 있는 하늘의 중간 층위에 지기를 공급하는
3개의 에너지 센터가 가동중에 있습니다.
태백산맥이 있는 하늘의 중간 층위에 인기를 공급하는
5개의 에너지 센터가 가동중에 있습니다.

태백산에서 남한 지역에 공급하는 정기는
다음과 같은 특징이 있습니다.

태백산 정기의 첫번째 특징은 한(恨)입니다.
아리랑으로 상징되는 한민족의 한입니다.
태백산 자락에 있는 정선이
아리랑의 고장인 이유가 이것 때문입니다.

태백산에서 공급되는 정기로 인하여
한민족의 한이 형성되었습니다.

태백산 정기의 두번째 특징은
이념과 사상으로 서로 대립하고 투쟁하도록 하는 에너지입니다.
태백산에서 나오는 에너지와 낭림산맥에서 나오는 에너지는
서로 대립하고 충돌하는 에너지로 작용하였습니다.

태백산과 낭림산맥에서 나오는 정기로 인하여
조선시대에는 극심한 당파 싸움과 특정 지역에 대한 차별로
나타나게 되었습니다.

태백산과 낭림산맥에서 나오는 정기의 기운이 서로 달라
자유 민주주의와 공산주의의 이념이 강하게 충돌하였으며
결국은 6·25전쟁으로 나타났습니다.

태백산에서 공급되는 정기로 인하여
6·25 전쟁이 끝나고 난 뒤에도
남한 내에서도 좌파와 우파의 극심한 대립으로 나타나고 있으며
진보와 보수의 이념 대립이 아직도 끝나지 않고 있습니다.

태백산 정기의 세번째 특징은 결사항전의 에너지입니다.
외세의 침입이 있거나 나라가 어려운 상황이 되었을 때
태백산에서 공급되는 이 결사항전의 에너지로 인하여
한반도는 위기를 극복할 수 있었습니다.

태백산에서 공급되는 정기인 결사항전의 에너지로 인하여
당쟁의 양상은 더욱더 치열해졌습니다.
태백산에서 공급되는 정기인 결사항전의 에너지로 인하여
좌파와 우파의 이념 대립이 더욱더 치열해졌습니다.
태백산에서 공급되는 정기인 결사항전의 에너지로 인하여
빛과 어둠의 치열한 영적 전쟁이 더욱더 치열해졌습니다.

태백산 정기의 네번째 특징은
한민족의 자부심과 자긍심의 고취입니다.

한국인들의 정서에는 천손민족이라는 자부심이 있습니다.
한국인들의 정서에는 배달민족이라는 자부심이 있습니다.
한국인들의 정서에는 단군의 자손이라는 자긍심이 있습니다.
한국인들은 단지파라는 자긍심이 있습니다.

한반도에 태어나 살고 있거나 살았던 한국인들을
하나로 모을 수 있는 것에는 아리랑이 있습니다.
한반도에 태어나 살고 있거나 살았던 한국인들의
잠재의식과 무의식에는 천손민족이라는 의식이 살아 있습니다.

한반도에 태어나 살았던 한국인들의 잠재의식과 무의식에는
단군 할아버지의 자손이라는 자부심이 살아 있습니다.
한반도에 태어나 살고 있거나 살았던 한국인들의
잠재의식과 무의식에는 배달의 민족이라는 의식이 살아 있습니다.

한국인들에게 한민족으로서의 자부심과 자긍심을 심어준
에너지의 근원은 태백산에서 공급된 정기임을 전합니다.

지상으로 내려오신 창조주에 의해
선천의 시대가 지나가고 후천의 시대가 도래하였습니다.

후천의 시대는 창조주의 시대입니다.
후천의 시대는 천손민족인 한민족의 시대입니다.
후천의 시대는 창조주의 에너지를 가장 많이 가진 영혼들인
단지파들이 중심이 되는 시대입니다.

지상으로 내려오신 창조주와 함께 대우주를 경영하게 될
한민족의 건승을 빕니다.
한국인의 건승을 빕니다.

한민족의 자부심과 자긍심의 원인이 되어 준
태백산 정기에 대한 정리의 필요성이 있어
태백산 정기에 대한 기록의 필요성이 있어
우데카 팀장이 이 글을 기록으로 남깁니다.

석굴암의 비밀

한반도의 정신문화는 경주를 중심으로
천년 동안 펼쳐졌습니다.
한반도에서 안정적인 문화를 펼칠 수 있는 물질적 토대는
지질 구조의 안정과
하늘의 의지가 함께하고 있었기 때문입니다.

지구 행성에서 지각판들이 탄생될 때
모든 지각판들의 중심축으로 설정된 곳이 첨성대입니다.
지구 행성의 지각판들의 움직임을 컨트롤하는 타워가 첨성대입니다.
지구 행성을 구성하고 있는 지각판들에게
에너지를 공급하는 곳이 첨성대입니다.

첨성대 땅 밑에는 지구 행성에 있는 지각판들을 움직이는
거대한 하늘의 시스템이
무형으로 존재하고 있습니다.
첨성대 땅 밑에는 지저세계와 연결되는 차원의 문인
에너지 게이트인 하늘의 시스템이 설치되어 있습니다.

지구 행성에서 지질학적으로 가장 안전한 곳이 경주였습니다.
지구 행성의 지각 변동을 위해
지구 행성의 대륙의 융기와 침몰을 위해

지구 행성의 지축이동을 준비하기 위해
2019년 11월 9일 오후 2시
첨성대에 있는 안전핀이 하늘에 의해 제거되었습니다.

첨성대의 안전핀이 제거된 후
불균형해진 에너지들이
지구 행성을 3번 회전을 하고 나면
지진들이 증가하게 될 것이며
화산대들의 이상 징후가 급증하게 될 것입니다.

불균형한 에너지들이 증가하면 할수록
자연재해의 규모가 증가하게 될 것입니다.
불균형한 에너지들이 증가하면 할수록
전세계의 자연재해들이
하늘의 타임라인에 따라 달궈진 철판에
콩이 튀듯 땅들이 울부짖고 찢어질 것입니다.

첨성대에 있는 안전핀들이 제거되고 나면
경주를 중심으로 한반도의 동남 해안에 위치한
지각판들이 흐느적 흐느적거리게 될 것입니다.
첨성대의 안전핀들이 제거되고 나면
전세계의 지각판들이 요동치게 될 것입니다.

첨성대의 안전핀이 제거되고 나면
한반도의 안전을 보장할 수 없게 됩니다.

이때를 위해 하늘에서
한반도의 안전을 위해 준비한 곳이 석굴암입니다.

첨성대의 안전핀이 제거되었을 때
한반도의 지질학적인 안전을 보장하기 위해
하늘에 의해 준비된 것이 석굴암의 비밀입니다.
석굴암은 엘리베이터의 안전을 지켜주는
무게 중심추의 역할을 하고 있습니다.
석굴암은 지축이동 때에 한반도를 지켜줄
하늘의 거대한 시스템이 준비된 곳입니다.
석굴암은 한반도 남쪽에 큰 지진이 있을 때
지진으로 발생한 큰 에너지를 흡수하는 역할이 있습니다.

석굴암에 설치된 안전장치로 인하여
한반도는 해안가 일부를 제외하고는
지축이동이나 대지진 때 안전할 것입니다.
지축이동 후 안전지대인 역장에서
창조주께서 주관하시는
아보날의 수여를 준비하기 위해
반드시 필요한 것이
석굴암에 설치된 하늘의 시스템입니다.

2016년 10월부터
대지진이나 지각 변동으로부터 한반도를 보호하기 위한
하늘의 시스템이 설치되고 있습니다.

2019년 12월 24일부터
한반도를 보호하기 위한
석굴암의 시스템들이 가동되었습니다.

영안이 열린 분이나
기감이 좋으신 분들은
석굴암에 가보면 예전과는 다른
하늘의 에너지를 느낄 수 있을 것입니다.

하늘의 문을 열 수 있는
하늘의 시절인연이 있는 분은
하늘의 거대한 시스템을
홀로그램을 통해 보실 수 있을 것입니다.

석굴암에 대한 비밀을
하늘과의 소통속에
하늘과의 조율속에
우데카 팀장이
기록을 위해 이 글을 남깁니다.

한민족의 시대와 천손민족의 부활

해외에 살고 있는 한국인들에게

한반도는 선천의 시대를 종결하기 위해 준비된 약속의 땅입니다.
한반도는 마지막 때 지구 행성의 선천의 물질문명을 종결하기 위해
하늘에 의해 준비된 약속의 땅입니다.
한반도는 카르마가 가장 많은 사람들이 모여 살고 있는 곳입니다.

한반도는 하늘에서 죄를 짓고 쫓겨난 천사들이
가장 많이 태어나 살고 있는 곳입니다.
한반도는 우주의 카르마를 가장 많이 가진 영혼들이
카르마를 해소하기 위해 하늘이 준비한 약속의 땅입니다.
한반도는 선천의 문명을 종결하고 후천의 시대를 열기 위해
창조주께서 육신의 옷을 입고 오시는 약속의 땅입니다.

한반도는 후천의 시대를 위해 하늘이 준비한 신성한 땅입니다.
한반도는 창조주께서 주관하시는 아보날의 수여가 예정된 땅입니다.
한반도는 물질세계의 자미원이 될 것입니다.
한반도는 대우주의 중심이 될 것입니다.

마지막 때에 한반도에 태어나 살고 있는 모든 사람들에게
한민족의 의식을 깨우는 창조주의 빛이 공급되고 있음을 전합니다.

마지막 때에 한민족의 문화와 정서를 가지고 해외에서 살고 있는

한국인들의 의식을 깨우는
창조주의 빛이 공급되고 있음을 전합니다.

이제는 그때가 되어
한민족의 의식을 깨우기 위한 석고웅성이 시작되었음을 전합니다.

이제는 그때가 되어
한민족의 의식을 깨우기 위한 소울음소리가
들리기 시작했음을 전합니다.

마지막 때에
한국인들은 의식이 먼저 깨어나기로 예정되어 있습니다.

마지막 때에
천손민족인 한민족의 의식이 먼저 깨어나
인류를 위해 봉사하고 희생하는 역할이 주어져 있습니다.

마지막 때에
빛의 자손들인 한국인의 의식이 먼저 깨어나
땅으로 내려오신 창조주를 맞이하는 역할이 주어졌습니다.

마지막 때에
빛의 자손들인 한국인의 의식이 먼저 깨어나
개벽의 시대를 열어가게 될 것입니다.

마지막 때에 한민족의 의식의 먼저 깨어나
창조주와 동행하며 후천의 시대를 열어가게 될 것입니다.

하늘의 때가 되기 전까지
한반도에 태어나 살고 있었던 사람들의 의식이
깨어나지 못하도록 하늘에 의해 봉인이 이루어졌습니다.

하늘의 때가 되기 전까지
한반도에 태어나 살고 있었던 천손민족인 한민족은
가장 낮은 곳에서 자신의 신분을 감춘 채 숨어 살게 하였습니다.

하늘의 때가 되기 전까지
한반도에 태어나 살고 있던 한민족은 자신들의 역량을
마음껏 펼치지 못하도록 하늘에 의해 봉인이 이루어졌습니다.

하늘의 때가 되기 전까지
천시가 도래하기 전까지
창조주의 에너지를 가장 많이 가지고 모여 살고 있는
단지파들의 의식이 깨어나지 못하도록 봉인이 이루어졌습니다.

하늘의 때가 되기 전까지
창조주의 에너지를 가장 많이 가진 영혼들을 상징하는
천손민족인 한민족의 의식이 깨어나지 못하도록
하늘에 의해 봉인이 이루어졌습니다.

하늘의 때가 되기 전까지
창조주께서 오시기로 예정된 약속의 땅인
한반도를 보호하기 위해 봉인이 설치될 수밖에 없었습니다.

하늘의 때가 되기 전까지
창조주께서 오시기로 예정된 신성한 한반도에 살고 있는
천손민족을 보호하기 위해 봉인이 설치될 수밖에 없었습니다.

이제는 한민족의 의식이 깨어나야 할 하늘의 때가 되었습니다.
이제는 천손민족의 역할이 시작되는 천시가 도래하였습니다.

창조주께서 한반도에 도착하셨습니다.
창조주의 시대가 한반도에서 시작되었습니다.
하늘의 때를 기다려온 한민족에게
창조주의 시대에 함께할 수 있는 그때가 시작되었습니다.

하늘의 때를 기다려온 천손민족인 한민족에게
하늘의 축복이 함께하고 있음을 전합니다.

하늘의 때를 기다려온 단지파들에게
하늘의 축복이 시작되었음을 전합니다.

이것을 누군가는 기름부음이라 하였습니다.
이것을 누군가는 성령 충만이라 하였습니다.
이것을 누군가는 감로비라고 하였습니다.

의식을 깨우는 창조주의 빛으로 인하여
해외에서 살고 있는 해외 동포들의 의식이 깨어나게 될 것입니다.

의식을 깨우는 창조주의 빛으로 인하여
전세계에서 활동하고 있는 한국인의 의식은 깨어나게 될 것입니다.

의식을 깨우는 창조주의 빛으로 인하여
한민족의 감정선과 의식선은 정화될 것입니다.

의식을 깨우는 창조주의 빛은
영혼의 순수함을 회복시켜줄 것입니다.

이 빛으로 인하여 해외에 살고 있는 한국인들 중에
마지막 때에 땅에서 하늘의 일을 하기로 약속하고 온 인자들에게는
자신의 임무와 역할이 시작될 것입니다.

이 빛으로 인하여
아무것도 모르는 채 해외에서 살고 있는 한국인들은
마지막 때에 세계 각지에서
빛의 일꾼과 빛의 통로로서의 역할을 시작할 것입니다.

이 빛으로 인하여 한국인들은
전세계의 변화를 주도하게 될 것입니다.
이 빛으로 인하여 한국인들은
가장 중요한 자리에서 가장 중요한 임무를 수행하게 될 것입니다.

이 빛으로 인하여 한국인들은
앞으로 세계사의 중심에 서게 될 것입니다.

지축의 정립 후 하늘이 준비한 안전지대인 역장 안에서
한국인들은 중요한 역할을 맡게 될 것입니다.
지축의 정립 후 후천의 시대에 한국인들은
세계의 문명의 중심이 될 것입니다.
지축의 정립 후 창조주의 시대에 한국인들은
창조주와 인류를 연결해주는 중요한 역할을 하게 될 것입니다.

이것이 당신이 한국에 태어나 살고 있는 이유이며
이것이 당신이 한국인으로 살아야 했던 이유이며
이것이 하늘과 한국인 사이에 이루어진 신성한 약속임을
우데카 팀장이 전합니다.

한국인으로 한국 땅에 태어나
한국인의 문화와 정서를 가지고 살고 있는 한민족에게
하늘의 기름부음이 시작되었음을 우데카 팀장이 전합니다.

당신들의 시대가 시작되었음을 전합니다.
한민족의 시대가 시작되었음을 전합니다.
천손민족의 부활이 시작되었음을 전합니다.

창조주께서
한반도에 태어날 수밖에 없는 이유

나무 중에 가장 단단한 나무가 박달나무입니다.
영혼이 나이가 들면 영이 단단해집니다.
영혼이 물질 체험을 통해 진화를 하게 되면
영의 크기가 커지는 동시에 영이 단단해집니다.

영혼의 물질 체험이 풍부한 영혼일수록 영은 단단해집니다.
오래된 영혼일수록 영은 단단해집니다.
영혼이 물질 체험을 통해 산전수전을 다 겪고
온갖 시련을 다 겪은 영혼들일수록 영의 밀도는 단단합니다.
영혼이 진화하여 영혼의 밀도가 박달나무처럼 단단해진 영혼들을
우주에서는 단지파(檀支派)라고 합니다.

물질계를 졸업했다 함은 많은 물질 체험속에 돌고 돌아
창조주의 품으로 돌아왔다는 것입니다.
물질 체험을 하는 과정에서 창조주의 사랑을
가장 많이 체험한 영혼들을 단지파라고 합니다.
창조주의 사랑을 깊게 체험한 영혼들 중에 선별하고 선별하여
단지파를 상징하는 창조주의 빛을 받은 영혼들을 단지파라고 합니다.

단지파들은 우주에서 귀하고 귀한 존재들입니다.
물질계를 졸업한 인자들 중에서도 단지파는 극소수입니다.

단지파들은 창조주의 최측근들이며 충성도가 높은 영혼들입니다.
이러한 이유로 단지파들에게 행성의 정신문명을 열게 하고
정신문명을 발전시키는 역할을 맡길 수 있는 것입니다.
이러한 이유로 단지파들은 창조주의 뜻과 의지를
왜곡없이 땅에 전달할 수 있는 것입니다.

약속의 땅인 한반도에 단지파들이 모여 있음이라
창조주와 함께 우주의 미래를 열기 위해
빛의 일꾼들 중 단지파들이 제일 많이 태어나 살고 있는 한반도에
창조주께서 육신의 옷을 입고 올 수밖에 없었습니다.

오래된 영혼들은 대우주가 탄생될 때 태어난 영혼들입니다.
이들을 우주에서는 단지파라고 합니다.
영혼의 진화를 통해 물질계인 12차원을 졸업하고
14차원으로 진화한 영혼들을 단지파라고 합니다.
행성을 관리하는 영단 관리자들 중에
우주의 차원을 관리하는 차원 관리자 중에
창조주에 대한 충성심이 강한 영혼들을 단지파라고 합니다.

14차원에 있는 영혼일지라도 영혼이 탄생된 시기는 다릅니다.
영혼들은 우주의 주기가 시작될 때와 전성기일 때 많이 탄생됩니다.
영혼들 중 일부는 주기가 끝나갈 때 탄생되는 영혼도 있습니다.
14차원에 있는 영혼들 중에 영혼의 물질 체험의 경험이 풍부한
영혼그룹들을 단지파라고 합니다.

물질 세상을 졸업한 오래된 영혼들은
우주의 보물이며 우주의 자산입니다.
물질 세계를 졸업한 오래된 영혼들 중에
창조주에 대한 충성심이 강한 영혼들을 단지파라고 합니다.
창조주에 대한 믿음과 충성심이 강한 단지파들은
새로운 은하나 새로운 항성계가 탄생될 때
행성의 영단에 원로 그룹으로 초대가 됩니다.

단지파들은 행성의 정신문명을 여는 역할이 있습니다.
단지파들은 행성의 정신문명을 이끌어가는 중요한 역할이 있습니다.
단지파들 없이 어떤 행성도 고도의 정신문명을 열 수는 없습니다.
물질 세상에 대한 풍부한 경험들이
단지파들의 후천적 사고조절자에 차곡차곡 저장이 되어 있습니다.
단지파들에게 저장된 후천적 사고조절자에 담긴 정보들을 참고하여
행성들의 진화 로드맵을 짜게 됩니다.

지구 행성의 문명 역시 단지파들에 의해
한반도에서 시작되었습니다.
지구 행성에서 펼쳐졌던 고대의 찬란한 정신문명 역시
물질계를 졸업한 오래된 영혼들인 단지파들에 의해
한반도에서부터 시작되었습니다.

한민족으로 태어난 영혼들 중에 단지파의 비중이 제일 높습니다.
한반도에 태어난 영혼들 중에 단지파의 비중이 매우 높습니다.
한반도에 태어난 빛의 일꾼들이 제일 많습니다.

한반도에 태어난 빛의 일꾼들 중에 약 43% 정도가 단지파입니다.
이러한 이유로 한민족을 단지파라고 합니다.

창조주의 에너지는 가장 순수한 에너지입니다.
창조주의 에너지는 가장 순결한 에너지입니다.
단지파란 창조주의 에너지를 가지고 있는 영혼그룹을 말합니다.

단지파 중 창조주의 에너지만으로 구성된 영혼그룹을
제1지파라고 합니다.
창조주의 에너지를 가지고 구분하는 12지파 분류들 중에
6지파와 7지파와 8지파와 12지파를 단지파라고 합니다.
이들 그룹들은 미래에 단지파들로 양성중인 영혼들입니다.
이들 지파의 영혼들 중
창조주에 대한 믿음과 충성심이 강한 영혼들이
창조주로부터 단지파임을 인정받게 될 것입니다.

지구 행성의 문명은
창조주의 에너지만으로 구성된 단지파들에 의해 시작되었습니다.
지구 행성의 정신문명은
한반도에서 단지파들에 의해 펼쳐졌습니다.

단지파들이 가장 많이 태어나 살고 있는 곳이 한반도입니다.
단지파들이 가장 많이 태어나 살고 있는 민족은 한민족입니다.
단지파들인 단군들에 의해 한민족의 역사는 시작되었습니다.
단지파들에 의해 한민족의 역사는 이어져 왔습니다.

백성들 중에 단지파들의 비중이 제일 높은 곳도 한민족입니다.
사회 지도자들 중에 단지파의 비중이 가장 높은 민족 역시
한민족입니다.

이러한 이유로 한민족을 천손민족이라고 합니다.
이러한 이유로 한민족을 단지파라고 합니다.
이러한 이유로 한민족을 단군의 나라라고 합니다.
이러한 이유로 한민족을 빛의 자손들이라고 합니다.

이러한 이유로 단지파들이 가장 많이 살고 있는 한반도에
창조주께서 내려올 수밖에 없었습니다.
이러한 이유로 단지파들이 가장 많이 태어나 살고 있는
천손민족인 한민족을 중심으로 새로운 정신문명을 열기 위해
한반도에 한민족으로 창조주께서 육화하셨습니다.

원시반본과 시종여일의 세계라
문명의 시작도 한반도요
문명의 종결도 한반도라
유구한 역사의 흐름 속에
단지파들의 그 뜨거운 피가 흐르고 흘러
삼천리 금수강산을 물들였음이라

단지파들의 열정과 한이 살아 숨쉬는 곳 한반도
12지파의 맏형 배달민족인 한민족이 아니면
그 고통과 무게감을 누가 감당할 수 있겠는가?

단지파들의 뜨거운 열정과 한이 살아 숨쉬는
약속의 땅 한반도에
창조주께서 한민족으로 육화하셨습니다.

스스로를 천손민족이라고 하며
스스로를 단지파라고 하며
스스로를 빛의 자손들이라 하는 한민족과 함께
선천의 하늘을 마감하고
후천의 새로운 하늘을 열기 위해
창조주께서 한반도에 한민족으로 육화하셨습니다.

천손민족인 한민족의 건승을 빕니다.
단지파인 한민족의 건승을 빕니다.
빛의 자손들인 한민족의 건승을 빕니다.

정리의 필요성이 있어
기록의 필요성이 있어
우데카 팀장이 이 글을 남깁니다.

빛의 자손들

여러 음이 어울려 노래가 되듯
우리 마음 어울려 조국 되었네
여러 색이 모여서 그림이 되듯
우리 사랑 모여 겨레 되었네
보아라 벅찬 보람 한덩이 빛되어
찬란히 타오르니 대한이란다
펴라 더 높이 더 멀리 더 크게 더 넓게
아아 우리의 이상을 떨쳐 나가자
펴라 하늘에 육지에 동서에 남북에
빛의 자손 빛의 영광아

풀과 나무 숲되어 산을 덮듯이
우리 마음 사랑되어 나라 덮었네
벽돌들이 쌓여서 높은 집 되듯
우리 사랑 쌓여 높은 내 조국
보아라 벅찬 보람 한덩이 빛되어
찬란히 타오르니 대한이란다
펴라 더 높이 더 멀리 더 크게 더 넓게
아아 우리의 이상을 떨쳐 나가자
펴라 하늘에 육지에 동서에 남북에
빛의 자손 빛의 영광아

♪ 이선희, 빛의 자손들

2020년 7월 6일부터
지상으로 내려온 창조주의 중심의식에 의해
빛의 자손들인 한민족의 정신을 깨우기 위한
창조주의 한 줄기 빛이 주입되기 시작하였습니다.

2020년 7월 6일부터
지상으로 내려온 창조주의 중심의식에 의해
창조주의 에너지를 많이 가지고 온 단지파의 의식을 깨우기 위한
창조주의 한 줄기 빛이 주입되기 시작하였습니다.

2020년 7월 6일부터
지상으로 내려온 창조주의 중심의식에 의해
어둠의 세력에 밀리고
물질의 가치에 밀려
아무도 쳐다보지도 않는 구석에서
쪼그라질 대로 쪼그라져 있는 빛의 진영에
창조주의 빛 한 줄기가 공급되기 시작하였습니다.

물질이 주는 풍요로움에 밀려
한민족의 정신은 구석으로 밀려나 있었습니다.
정의의 함정에 빠져
진실의 가치를 잃어버리고 살아야 했습니다.
세계화의 가치에 밀려
한민족의 정신적 가치를 잊어버리고 살아야 했습니다.

지상으로 내려온 창조주의 중심의식에 의해
선천의 하늘이 마감되고
새로운 후천의 하늘이 열리기 시작하였습니다.

후천의 시대는 빛의 시대입니다.
빛의 시대는 정신문명의 시대입니다.
빛의 시대는 진실과 가치의 시대입니다.
빛의 시대는 조화와 균형의 시대입니다.
빛의 시대는 하늘과 함께 동행하는 영성의 시대입니다.
빛의 시대는 창조주와 함께 동행하는 영성의 시대입니다.

빛의 시대를 열어갈 한민족의 의식이 깨어날 것입니다.
빛의 시대를 열어갈 단지파들의 의식이 깨어날 것입니다.
빛의 시대를 열어갈 하늘 사람들의 의식이 깨어날 것입니다.
빛의 시대를 열어갈 빛의 일꾼들의 의식이 깨어날 것입니다.
빛의 시대를 열어갈 창조주를 보좌할 인자들의 의식이 깨어날 것입니다.

개벽의 시대에 단지파인 한민족의 의식이 깨어나게 될 것입니다.
개벽의 시대에 빛의 민족인 한민족의 의식이 깨어날 것입니다.
개벽의 시대에 빛의 자손인 한민족의 의식이 깨어날 것입니다.
개벽의 시대에 한민족은 빛의 영광속에 있게 될 것입니다.

개벽의 시대에 빛의 일꾼인 일만 이천 도통군자들이
한반도에서 의식이 깨어날 것입니다.

개벽의 시대에 의식이 깨어난 대한의 빛의 자손들은

한반도에서 창조주께서 주관하는 아보날의 수여에

참여하게 될 것입니다.

개벽의 시대에 의식이 깨어난 대한의 빛의 자손들은

새 하늘과 새 땅에서 펼쳐질 새로운 정신문명을 건설하기 위해

한반도에서 지상으로 내려온 창조주께서 주관하는

아보날의 수여에 참여하게 될 것입니다.

후천의 시대에 의식이 깨어난 대한의 빛의 자손들은

지상으로 내려온 창조주와 함께

지상의 자미원의 건설과

대우주의 경영에 참여하게 될 것입니다.

아프고 아픈 모진 세월들을 견디어 온

빛의 자손들의 건승을 빕니다.

그대들의 시대가 시작되었음을 전하노라

대한의 빛의 자손들의 건승을 빕니다.

대한의 빛의 자손들에게 빛의 영광이 함께할 것입니다.

그대들의 새로운 역사가 시작되었음을 전하노라

그대들의 새로운 역사가

우주의 새로운 역사가 될 것임을 전하노라

제4부

격변의 시대

지금은 격변의 시대입니다.

지금은 인류가 건설한 물질문명들이

모두 붕괴되는 시기입니다.

지금은 눈에 보이지 않는 하늘이

천둥과 번개와 함께 드러나는 때입니다.

지금은 눈에 보이지 않던 하늘이

하늘의 실체를 드러내는 때입니다.

당신이 지금 마지막 때에 태어나 살고 있는 이유

나에게 가장 불행한 일은
나에게 아무 일도 일어나지 않는 것입니다.

행성에서 일어나는 일 중 가장 불행한 일은
행성이 진화 로드맵을 이탈하여 행성의 진화가 멈추고
행성이 리셋되는 일입니다.

혼란과 혼돈의 시기가 영혼이 성장하는 시기입니다.
어둠이 짙은 시기는 영혼들의 진화가 빨라지는 시기입니다.

격동의 시기는 영혼의 카르마가 발생하는 시기입니다.
격변의 시기는 영혼의 카르마가 해소되는 시기입니다.

당신이 지금 태어나 살고 있는 이유는
사랑받기 위해 태어난 것이 아니라
사랑하는 법을 배우기 위해서입니다.

당신이 지금 태어나 살고 있는 이유는
누군가의 사랑을 받기 위해 태어나 살고 있는 것이 아니라
누군가를 조건없이 사랑하기 위해서입니다.

당신이 지금 태어나 살고 있는 이유는
누군가를 특별하게 사랑하기 위해 태어나 살고 있는 것이 아니라
물질 세상에 펼쳐진 삼라만상을 가슴으로 체험하기 위해서입니다.

당신이 지금 태어나 살고 있는 이유는
세상 사람들로부터 사랑받기 위해 태어나 살고 있는 것이 아니라
세상 사람들을 조건없이 사랑하기 위해서입니다.

당신이 지금 태어나 살고 있는 이유는
세상 사람들의 인정을 받기 위해서 태어나 살고 있는 것이 아니라
세상 사람들의 있는 그대로의 모습을 사랑하기 위해서입니다.

당신이 지금 태어나 살고 있는 이유는
그냥 태어나 살고 있는 것이 아니라
하늘의 사랑을 받고
하늘의 사랑을 체험하기 위해서입니다.

당신이 지금 태어나 살고 있는 이유는
태어났으니까 살고 있는 것이 아니라
당신 영혼의 진화를 위해서입니다.

당신이 지금 태어나 살고 있는 이유는
그냥 태어났으니까 그냥 살고 있는 것이 아니라
당신 영혼의 모순을 해결하기 위해 태어나 살고 있습니다.

당신이 마지막 때에 살고 있는 이유는
노후의 편안한 삶을 위해 살고 있는 것이 아니라
하늘의 뜻을 땅에 전하기 위해서입니다.

당신이 마지막 때에 태어나 살고 있는 이유는
물질에 대한 욕망을 더 크게 키우기 위해서가 아니라
당신 영혼의 카르마를 해소하기 제일 좋은 때이기 때문입니다.

당신이 마지막 때에 태어나 살고 있는 이유는
우주의 감옥행성인 지구 행성에서 카르마를 해소하고 난 뒤
끝도 시작도 없는 영혼의 여행을 시작하기 위해서입니다.

당신이 마지막 때에 태어나 살고 있는 이유는
하늘이 준비한 대환란과 혼돈 속에서
대우주를 경영하는 공리의 하늘을
직접 몸으로 체험하기 위해서입니다.

당신이 마지막 때에 태어나 살고 있는 이유는
하늘이 준비한 대자연의 격변 속에서
당신 영혼의 진화 여정에 딱 맞는 진리를 체험하기 위해서입니다.

당신이 마지막 때에 태어나 살고 있는 이유는
하늘이 있다는 것을
신이 있다는 것을
몸을 통해 직접 배우고 체험하고 난 뒤

끝도 없고 시작도 없는 영원한 영혼의 여행을
이 우주에서 다시 시작하기 위해서입니다.

당신이 마지막 때에 태어나 살고 있는 이유는
하늘의 시절인연이 있는 당신의 의식이 깨어나
하늘과 함께 새 하늘과 새 땅을 건설하기 위해서입니다.

귀 있는 자
하늘의 소리를 듣게 될 것이며

눈 있는 자
하늘의 권능을 보게 될 것이라

하늘에 시절인연이 있는 자
하늘과 함께 동행하게 될 것이라

시절인연이 있는 하늘 사람들의 건승을 빕니다.

소울음 소리가 들리는 곳
땅울림 소리와 석고웅성

판이 바뀔 때에는 하늘 스스로 정한 길이 드러나는 것이
세상의 이치입니다.

판이 바뀔 때에는 땅이 가야할 길이 드러나는 것이
세상의 순리입니다.

판이 바뀔 때에는 하늘의 소리를 뜻하는 소울음 소리가
먼저 들리는 것이 세상의 이치입니다.

판이 바뀔 때에는 땅의 변화를 상징하고 뜻하는
돌로 된 북이 울린다는 석고웅성(石鼓雄聲)이 먼저 들리는 것이
세상에서는 순리입니다.

판이 바뀔 때마다 하늘도 슬퍼서 눈물을 흘리는구나
판이 바뀔 때마다 땅은 통곡의 소리로 가득차는구나

판이 바뀔 때마다 하늘의 마음을 전하는 곳이 있구나
판이 바뀔 때마다 하늘의 소리의 내용이 변하는구나

세상에서 큰 판이 바뀔 때에는 큰 소부터 먼저 희생되는 것이
세상의 이치입니다.

세상에서 큰 판이 바뀔 때마다
증오와 분노로 가득찬 구호와 깃발들이 등장하는 것이
세상에서는 순리입니다.

세상에서 큰 판이 바뀔 때는 하늘의 경고 소리가 먼저 들리는 것이
세상의 이치입니다.

세상에서 큰 판이 바뀔 때는 사람들의 탄식 소리가 먼저 들리는 것이
세상에서는 순리입니다.

세상의 판이 뒤집어질 때는 하늘이 무너져도
솟아날 구멍을 만들어 놓는 것이 하늘의 마음입니다.

세상의 판이 뒤집어질 때는 땅이 무너져도
솟아날 구멍을 만들어 놓는 것이 하늘의 마음입니다.

하늘의 문이 닫히기 전에
하늘의 소리가 먼저 땅에 울려 퍼지는 것이 하늘의 이치입니다.

땅에서의 변화가 시작되기 전에
하늘의 소리가 먼저 땅에 울려 퍼지는 것이 땅에서는 순리입니다.

하늘의 문이 닫히기 전에
하늘의 소리를 전하는 소울음 소리를 내는 곳을 먼저
준비하는 것이 하늘의 이치입니다.

땅에서의 변화가 시작되기 전에
소울음 소리를 반드시 들어야 되는 사람들을 위해
소울음 소리를 안성맞춤으로 다양하게 준비하는 것이
하늘의 마음입니다.

하늘문이 닫히기 전에
하늘의 소리를 듣지 못하는 사람들을 위해
많은 사람들이 소울음 소리를 들을 수 있도록
소울음 소리를 크게 내는 것이 하늘의 이치입니다.

땅의 변화가 시작되기 전에
알곡과 쭉정이를 구분하기 위해
하늘의 소리를 빙자한 소울음 소리들이
여기저기서 들리는 것이 땅에서는 순리입니다.

하늘문이 닫히는 그때가 오면
소울음 소리는 점점 크게 들려올 것이지만
사람들의 귀는 점점 더 닫히게 될 것입니다.

땅의 변화가 시작이 되면
돼지의 울음 소리와 소울음 소리가 함께 들려오게 될 것입니다.
땅의 변화가 시작이 되면
사람들의 귀는 소울음 소리와 돼지의 울음 소리조차
구분하지 못하게 될 것입니다.'

하늘문이 닫히는 그때가 되면
소울음 소리는 점점 더 애처롭게 들려올 것이지만
사람들의 마음은 점점 더 닫히게 될 것입니다.

땅의 변화가 시작이 되면
사람들의 통곡의 소리가 너무 커서
소울음 소리와 닭 울음 소리도 구분하지 못하게 될 것입니다.

하늘이 땅을 말고
하늘이 땅을 펴는 그때가 시작되면
하늘문 닫아라
하늘문 닫아라 외치는 천사들의 소리가
하늘과 땅에 가득찰 것입니다.

하늘이 땅을 말고
하늘이 땅을 펴는 존망지추(存亡之秋)의 그때가 도래하는구나
세상의 판이 바뀌는구나

하늘이 땅을 말고
하늘이 땅을 펴는 존망지추의 그때가 도래하는구나
소울음 소리의 내용이 바뀌었구나

하늘이 땅을 말고
하늘이 땅을 펴는 존망지추의 때가 도래할 때에는
신발 한 짝 신을 시간조차 없겠구나

하늘이 땅을 말고
하늘이 땅을 펴는 존망지추의 때가 도래할 때에
아무도 없는 이곳에서
아무것도 없는 이곳에서
희망을 이야기하는 사람들이 있을 것이라

하늘이 땅을 말고
하늘이 땅을 펼 때
아무것도 남아 있지 않은 이곳에서
아무런 희망조차 보이지 않는 이곳에서
희망을 이야기하는 사람들을 빛의 일꾼들이라 하는구나

하늘이 땅을 말고
하늘이 땅을 펼 때
희망을 이야기하기 위해
희망을 준비해야 하는
빛의 일꾼들의 의식이 깨어나야 하는 그때가 시작되었음이라

용을 보는 사람들

지구 행성의 차원상승이 본격화되면서
용을 보는 사람들이 늘어날 것입니다.

지구 행성의 물질문명의 붕괴가 본격화되는 격변의 상황 속에서
용을 보는 사람들이 늘어날 것입니다.

한 번도 경험한 적이 없는 대재난의 시대에
용을 보는 사람들이 늘어날 것입니다.

재난의 상황에서 용을 본다는 것은
매우 축복스러운 일이 될 것입니다.

자연재해의 상황에서 용을 본다는 것은
수호천사들이 나를 보호하고 있다는 것을 말합니다.

위험한 순간에 용을 본다는 것은
수호신장들이 나를 보호하고 있다는 것을 말합니다.

위기의 순간에 용을 본다는 것은
하늘의 보호 에너지장이 가동되고 있다는 것을 의미합니다.

사고의 순간에 용을 본다는 것은
외부의 강한 충격으로부터 내가 보호받는 것을 의미합니다.

격변의 상황에서 용을 본다는 것은
하늘이 함께하고 있다는 강력한 암시가 될 것입니다.

혼란과 혼돈의 상황에서 용을 본다는 것은
나를 수호하고 있는 용의 형상을 본다는 것을 말합니다.

한 치 앞도 보이지 않는 상황 속에서 용을 본다는 것은
나를 보호하고 있는 용의 에너지를 느낀다는 것을 말합니다.

절망과 고통 속에서 용을 본다는 것은
하늘이 늘 함께하고 있으며 지켜보고 있다는 것을 말합니다.

지독한 외로움과 고독한 상황에서 용을 본다는 것은
캄캄한 어둠 속에서 내려오는 한 줄기 빛을 상징합니다.

기도와 수행 중에 용을 본다는 것은
의식이 정화되고 있으며
의식이 깨어나고 있다는 것을 말합니다.

메타인지의 상태에서 용을 본다는 것은
내면의 소리를 듣고 있다는 것을 말합니다.

부지불식간에 용을 본다는 것은
하늘이 나에게 느낌으로 메시지를 주고 있다는 것을 말합니다.

용은 하늘을 상징합니다.
용은 하늘의 천사들을 상징합니다.
용은 하늘의 권능을 상징합니다.

용은 살 사람에게 배치되는 수호천사를 상징합니다.
용은 살 사람에게 배치되는 수호신장을 상징합니다.
용은 살 사람에게 배치되는 하늘의 약속을 상징합니다.

용이 인간의 몸에서 활동하면 용해집니다.
용이 인간의 몸에서 활동하면 용한 사람이 됩니다.
용이 인간의 몸에서 활동하면 신령한 기운이 나옵니다.

용이 인간의 몸에서 활동하면 몸의 통증이 줄어듭니다.
용이 인간의 몸에서 활동하면 몸이 가벼워집니다.
용이 인간의 몸에서 활동하면 치유능력이 생깁니다.

용은 하늘이 주는 영적능력을 상징합니다.
용은 하늘과 당신을 서로 연결해주는
교량 역할을 하고 있습니다.
용은 하늘의 소리를 잘 들을 수 있도록
가이드 천사의 역할을 맡고 있습니다.

살사람을 반드시 살리기 위한 하늘의 프로그램을 집행하는
용들의 활동이 본격 시작되었습니다.

살사람을 안전한 곳으로 안내하기 위한
용들의 활동이 본격 시작되었습니다.

빛의 일꾼들을 보호하는 용들의 활동이 시작되었습니다.
빛의 일꾼들의 역할과 임무를 돕기 위한
용들의 활동이 시작되었음을 전합니다.

새 하늘과 새 땅에서 함께할 시절인연이 있는 인자들에게
용들이 늘 함께하고 있음을 전합니다.

당신이 어디에 있든
당신이 무엇을 하든지 상관없이
용들이 늘 함께하고 있음을 전합니다.

응급상황에서 몸의 변화와
사고 후유증이 치유되는 원리

재난의 상황이나 대형 교통사고 후에 사고 후유증이
신체적인 장애나 정신적인 장애로 나타나 문제가 발생하는데
이것을 외상 후 스트레스 장애(PTSD)라고 합니다.

가족의 척신난동을 직접 경험하거나
동물들의 이상행동을 직접 경험하는 경우에도
외상 후 스트레스 장애가 발생합니다.

외상 후 스트레스가 발생하는 원리는 다음과 같습니다.

인간의 몸은 평소에는 군주기관인 심장을 중심으로
모든 장부들이 단일 명령체계에 의해 질서있게 활동하게 됩니다.

응급한 상황에 놓이게 되면 인간의 몸은 비상상태가 시작됩니다.

인간은 자신이 쓸 수 있는
에너지의 약 70%를 사용하며 살고 있습니다.
인간이 극렬한 신체적인 운동을 하거나
인간이 고도의 정신적인 노동을 하더라도
자신이 쓸 수 있는 에너지의
약 85%까지만 에너지를 쓸 수 있도록 세팅되어 있습니다.

생명의 위협이 되는 긴박한 상황이 되면
인간의 몸은 자신이 쓸 수 있는 에너지의 100%를 다 쓸 수 있는
비상상태로 들어가게 됩니다.

응급한 상황이나 긴박한 상황에 대응하기 위해
심장은 모든 장부들에게 자신이 쓸 수 있는 모든 에너지와
모든 능력을 사용하도록 비상 시스템을 가동하게 됩니다.

생명이 위급한 상황에 대응하기 위해
심장은 모든 장부들에게 모든 에너지와 모든 능력을 발휘하여
각자가 위기를 넘기도록 뇌를 통해 명령을 내리게 됩니다.
이때 초인적인 힘이나 초인적인 능력이 나타나게 됩니다.

생명에 위협을 느끼는 긴박한 상황이 발생하게 되면
인간의 몸이 조물될 때 심장을 중심으로 설계한
장부와 장부 사이의 조화와 균형들이 깨지게 됩니다.

생명에 위협을 느끼는 긴박한 상황이 발생하게 되면
경락 시스템들의 항진과 함께
경락 시스템들이 대거 손상을 입게 됩니다.

생명에 위협을 느끼는 긴박한 상황이 발생하게 되면
강한 두려움과 공포에 대응하기 위해
아드레날린이라는 호르몬을 대거 방출하게 됩니다.
대량으로 분출된 아드레날린이 정상적으로 회수되지 못할 때

몸의 통증과 함께 정신작용의 위축이 나타나게 됩니다.

생명에 위협을 느끼는 긴급한 상황 속에서
엄청난 공포와 두려움 속에서 경험한 끔찍한 경험들은
뇌에 강하게 저장되어 트라우마로 남게 됩니다.

응급한 상황이나 급박한 상황에 대응하기 위해
심장을 중심으로 하는 장부들 사이의 명령체계들이
사고 후 정상적으로 회복되지 못할 때
외상 후 스트레스 장애가 발생하게 됩니다.

응급상황을 벗어난 후에
인간의 몸은 회복 절차에 들어가게 됩니다.
인간의 눈에는 면역 반응처럼 자동적으로 일어나는 것처럼 보이지만
하늘의 보이지 않는 손에 의해서 일어나게 됩니다.

응급한 상황에서 인간의 몸이
하늘의 천사들에 의해 치유되는 기전은 다음과 같습니다.

첫번째
제일 먼저 심장을 치유하게 됩니다.
영이 머물고 있는 심장이 가장 먼저 치유가 이루어집니다.
영에게 상황이 안정되었음을 알리고
심장을 안정시키는 치유의 빛이 백회를 통해 들어오게 됩니다.

두번째

간을 치유하게 됩니다.

혼이 머물고 있는 간을 안정화시키는 빛이 공급됩니다.

모든 응급 상황에서는 근육이 긴장을 하며

과도한 힘을 쓰면서 발생한 근육의 손상을 치유하고

과도하게 경직된 근육을 풀어주기 위해서입니다.

세번째

폐를 치유합니다.

백이 머물고 있는 폐를 치유하는 빛이 공급됩니다.

손상된 세포와 조직에

경락 시스템을 통하여 빛을 공급하기 위하여

폐에 치유의 빛이 공급됩니다.

폐에 하늘의 빛이 공급되면서 호흡이 안정됩니다.

폐에 하늘의 빛이 공급되면서 경락의 순환력이 높아집니다.

폐에 하늘의 빛이 공급되면서 행기(行氣)작용이 강해집니다.

네번째

환자의 호흡이 돌아오고

환자의 의식이 돌아오게 되면 심장에 빛이 다시 들어가게 됩니다.

이때 심장으로 들어간 빛은 심장을 중심으로

어긋나있는 장부들 간의 균형을 바로잡아주기 위한 빛입니다.

이 빛으로 인하여 무너진 장부들 간의 균형이 회복되면서

사고 후 신체적으로 정신적으로 빠른 회복이 이루어지게 됩니다.

다섯번째

뇌에 강하게 기억되어 있는 끔찍한 장면들을

뇌가 반복적으로 재생하지 못하게 하기 위해

항진되어 있는 뇌 기능을 안정화시키는 빛이 들어오게 합니다.

그 이후에 손상된 뇌 세포를 복원시키는 빛이 들어오게 됩니다.

뇌 세포를 정상화시키는 작업은 매우 정밀한 작업을 진행하기 위해

잠을 재우거나 뇌 활동을 일시적으로 저하시키게 됩니다.

여섯번째

사고 후 생기는 후유증 중에 가슴 부근이 답답한 경우가 많습니다.

수궐음 심포경의 모혈인 단중 부근으로

사기와 탁기가 모여들기 때문입니다.

정신적으로 강한 충격을 받게 되면

사기와 탁기가 주기적으로 단중 부근에 차곡차곡 쌓이게 됩니다.

단중 부근에 사기가 쌓여 방출되지 못하면

한숨을 쉬는 때가 많아지면서

외상 후 발생하는 스트레스 장애가 발생하게 됩니다.

심포에 한 줄기 빛이 들어오게 됩니다.

심포에 쌓여있는 사기를 몰아내고

심포가 스스로 사고 후유증에서 벗어날 수 있도록

하늘에서 심포로 들어오는 한 줄기의 빛은

외상 후 스트레스 장애 여부를 결정하는 빛입니다.

대부분의 사람들에게 이 하늘의 빛이 들어가지 않습니다.
대부분의 사람들은 큰 사고 후 심각한 우울증이나
삶의 의욕이 나지 않아 소극적인 삶을 살게 됩니다.

하늘이 큰 사고를 당한 사람의 심포에 주는 한 줄기 빛은
구원의 빛이며 축복의 빛입니다.

심포는 큰 사고 후 스스로 극복할 수 있는 힘이 없습니다.
심포는 긴박한 상황에서 경험한 기억을 뇌와 마찬가지로
심한 트라우마처럼 간직한 채 살도록 그렇게 세팅된 장부입니다.

외상 후 스트레스 장애 여부를 결정하는 것은
하늘이 심포에 주는 한 줄기 빛입니다.
하늘이 큰 사고를 당한 사람의 심포에 주는 한 줄기 빛은
그 사람에겐 축복의 빛이며 구원의 빛이 됩니다.
하늘은 아무도 모르게 시절인연이 있는 인자들에게
이 빛을 통해 외상 후 스트레스 장애로부터
안전하게 보호되게 합니다.
외상 후 끊어져 있는 미세한 경락 시스템들과 미세 혈관들을
복원시키는 작업이 약 2주에서 한 달 이상 진행됩니다.

끔찍한 사건이나 사고를 경험한 이후
손상된 인체의 무형의 시스템들을 복구하는 치유가

하늘에 의해 지속적으로 이루어지게 됩니다.

하늘에 의해
손상된 인체 내의 무형의 시스템이 복원되는 비율에 따라
외상 후 신체적 장애가 다양하게 나타납니다.

하늘에 의해
손상된 인체 내의 무형의 시스템이 복원되는 비율에 따라
외상 후 정신적인 장애가 다양하게 나타납니다.

하늘에 의해
손상된 인체 내의 무형의 시스템이 복원되는 비율에 따라
다양한 외상 후 스트레스 장애가 발생하게 됩니다.

하늘의 도움 없이 인간의 몸에서 자연 치유력으로
외상 후 스트레스 장애가 회복되는 최대의 복원율은 75%이며
치료되는 기간은 최소 6개월에서 최대 3년까지 소요됩니다.

하늘의 빛으로 인간의 몸에서 외상 후 스트레스가 치유되는 경우
일반적으로 복원율은 최대 90%이며
기간은 3개월 정도가 소요됩니다.

인생의 프로그램 내용에 따라
다양한 외상 후 스트레스 장애가 발생하게 됩니다.
카르마의 내용과 카르마를 해소하는 방식에 의해

다양한 외상 후 스트레스 장애가 발생하게 됩니다.

세상에 우연하게 일어나는 일은 없습니다.
생명을 위협받는 긴박한 상황이나 응급한 상황들은 결코
우연하게 일어나지 않습니다.

긴박한 재난의 상황에서
생명이 위급하고 급박한 상황 후 발생하는
외상 후 스트레스 장애 또한
보이지 않는 하늘에 의해 철저하게 관리되고 있음을 전합니다.

정리의 필요성이 있어
기록의 필요성이 있어
우데카 팀장이 이 글을 기록으로 남깁니다.

격변의 시대에서 살아남는 법

살다 보면 그때는 맞게만 보이던 것이
지금은 틀린 것이 눈에 보입니다.

그때는 옳게 보이고 정의로운 것처럼 느꼈던 것이
지금은 옳고 그름의 문제로만 볼 수 없다는 것을
내가 살아보니까 알게 되는 것들이 있습니다.

우물 안에 있을 때는
자신이 우물 안에 있음을 알기가 어렵습니다.
우물 밖에 나가보지 않는 한
자신이 우물 속에 있었다는 것을 알아차리기는 참 어렵습니다.

신분제 사회를 살고 있는 양반의 의식으로 사는 사람이
이 사회가 문제가 있다는 것을 알아채고 눈치채지 못하는 것을
옳고 그름의 정의의 방식으로만 접근할 수는 없는 것입니다.
신분제 사회에서 천민이나 노예나 노비로 살던 사람이
이 사회가 문제가 있다는 것을 알아채고 눈치채는 데는
그리 오랜 시간이 걸리지 않습니다.

동북아시아의 최고의 지식인이었던
다산 정약용 선생님마저도

지금은 상식으로 누구나 알고 있는
왕을 선거를 통해 백성이 뽑을 수 있다는 생각을 하지 못했습니다.

지금은 상식으로 알고 있는 많은 것들이
그때는 그렇지 않았습니다.
지금의 의식으로는 말도 안되는 것들이
그때는 상식이었으며 지켜야 하는 가치였습니다.
지금의 의식으로는 도저히 용서할 수 없는 것들이
그때는 누구나 지켜야 하는 법이었으며 상식이었습니다.

그때는 옳은 것이 지금은 옳지 않습니다.
그때는 그것이 상식이었는데 지금은 불법이 됩니다.
그때는 그것이 진리인줄 알았는데 지금은 진리가 될 수 없습니다.
그때는 그것이 하늘인줄 알았는데 지금은 하늘이 될 수 없습니다.
그때는 그것이 신의 뜻인줄만 알았는데 지금은 잘 모르겠습니다.

그때는 누군가를 위한 나의 마음이 진심이었는데
그때는 누군가를 위한 나의 사랑이 목숨을 걸 만큼 진심이었는데
지금은 그때만큼은 아닌 것 같습니다.
그때는 그것이 진리라 생각하고 내 인생을 걸었는데
지금은 내가 진리를 찾고 있는지도 모르는 채 살고 있습니다.

그때는 맞고 지금은 틀립니다.
그때가 좋았는데
지금은 그때만큼 좋은 것이 없습니다.

그때는 참 순수했는데
그때는 참 희망이 있었는데
그때는 꿈이 있었는데
지금은 내가 어디에 있는지
지금은 내가 어디로 가고 있는지도 모르고
오늘 같은 내일을 살고 있습니다.

로마는 하루 아침에 건설되지 않았습니다.
민주주의는 하루 아침에 정착될 수 없습니다.
인간의 의식은 경험을 통해서만 확장될 수밖에 없습니다.
영혼은 영혼의 물질 체험을 통해서만 진화할 수밖에 없습니다.
인간의 상상력 또한 무한한 것이 아닙니다.
인간의 상상력과 창의성 또한
그 시대의 문화적 토양과 물질적 토대를 벗어날 수는 없습니다.

그때는 틀리고 지금은 맞는 것이 있습니다.
그때가 맞고 지금이 틀린 것이 있습니다.
인간은 경험을 통해 의식이 성장합니다.
사회 역시 역사를 통해 성숙해집니다.

지금은 지구 행성의 마지막 때입니다.
그때는 맞는 것이 지금은 맞지 않습니다.

그때는 옳았던 것이 지금은 옳지 않은 것이 있습니다.
그때는 진리였던 것이 지금은 진리가 될 수 없습니다.

그것을 진리라고 생각하는 당신의 의식이
거기에 머물고 있을 뿐입니다.

지금은 지구 행성의 격변의 시기입니다.
그때가 좋았던 시절이 있습니다.
그때가 참 좋았던 그런 시절이 있었습니다.
그때가 좋았다고 거기에 머물고 있을 순 없습니다.
당신 앞에 펼쳐지고 있는 지금의 이 시기는
새로운 씨앗을 뿌리기 위해
모든 것을 갈아엎는 격변의 시기입니다.

격변의 시대에는
그 흐름에 몸을 저항하지 마시기 바랍니다.
격변의 시대에는
옛것을 지키는 것보다는
새롭게 움트는 진리를 받아들이시길 바랍니다.

격변의 시대에서 살아남기 위해서는
그때가 맞고 지금은 틀리다의 의식에서 벗어나야 합니다.
모든 것이 붕괴되고 무너지는 격변의 시대에는
'그때가 틀리고 지금이 맞다'로
생각의 전환과 의식의 전환이 반드시 있어야 합니다.

지금은 개벽의 시대입니다.
인류가 건설한 모든 물질문명들이 모두 붕괴되는 때입니다.

지금은 눈에 보이지 않는 하늘이
천둥과 번개와 함께 눈에 드러나는 때입니다.
지금은 눈에 보이지 않던 하늘이
이적과 기적을 통해
하늘의 실체를 드러내는 시대입니다.

개벽의 시대에는
당신의 의식을 그때가 아니라
지금 여기에 맞추어야 합니다.

개벽의 시대에는
무너지는 건물과 함께 당신이 가진 모든 것이 사라질 것입니다.
무너지는 건물과 함께 모든 종교들이 붕괴될 것입니다.
개벽의 시대에는
갈라지는 땅과 함께 당신이 머물 곳이 없어질 것입니다.
갈라지는 땅과 함께 당신이 알고 있는 모든 진리들이
땅속으로 묻힐 것입니다.

개벽의 시대에는
천둥과 번개와 함께 하늘의 맨얼굴이 드러날 것입니다.
천둥과 번개와 함께 새로운 하늘이 드러날 것입니다.
개벽의 시대에는
대륙의 융기와 침몰과 함께 당신이 알고 있고 경험했던 세상은
당신의 눈에서 사라질 것입니다.
대륙의 융기와 침몰과 함께 새 하늘과 새 땅이 드러날 것입니다.

지금은 지구 행성의 마지막 때입니다.
지금은 지축의 정립을 앞두고 있는 시기입니다.
지금은 선천의 시대를 종결하고 후천의 시대를 열기 위해
대우주의 주재자인 창조주께서 땅으로 내려왔습니다.

창조주와 동행할 수 있을 만큼
당신의 의식은 깨어나야 하며 확장되어야 합니다.
창조주와 함께 새로운 세상에서 살기 위해서
당신의 의식은 전환이 되어야 합니다.

그때가 틀리고 지금이 맞습니다.

이것이 마지막 때에
당신의 의식이 깨어나야 하는 이유입니다.
이것이 격변의 시대에
당신이 하늘과 함께해야 하는 이유입니다.
이것이 개벽의 시대에
당신이 살아남을 수 있는 길입니다.
이것이 후천의 시대에
당신이 하늘과 동행해야 하는 이유입니다.

그때가 틀리고 지금이 맞습니다.
인류의 건승을 빕니다.

하늘을 찾는 사람들에게

하늘을 찾는 사람들이 참 많습니다.
자신의 입맛에 맞는 하늘을 찾는 사람들이 참 많습니다.
자신의 눈높이에 맞는 하늘을 찾기 위해
애쓰는 사람들이 참 많습니다.
자신이 바라는 하늘을 찾는 사람이 많습니다.
자신이 원하는 하늘을 찾는 사람이 많습니다.

자신이 원하는 하늘을 찾기 위해
내 마음에 드는 스승을 찾아가는 사람이 있습니다.
자신이 찾는 것이 하늘인지
자신이 찾는 것이 스승인지 구분이 안되는 사람들이 있습니다.

하늘을 자신의 의식에 가두기 위해
참 많은 사람들이
참 많은 애를 쓰고 있습니다.

자신이 찾는 하늘과 다르면 사이비가 됩니다.
자신이 찾는 하늘과 똑같지 않으면 이단이 됩니다.

자신이 믿고 있는 하늘이 전부라고 믿고 있습니다.
자신이 알고 있는 하늘만이 진리라고 알고 있습니다.

자신이 경험한 하늘만이 진짜라고 믿고 있습니다.

우물 안의 하늘도 하늘입니다.
우물 안의 하늘을 믿는 사람도 틀리지 않았습니다.
우물만큼의 하늘을 믿는 사람도 잘못된 것은 아닙니다.
종교에서 말하는 하늘 역시
누군가가 경험한 하늘이기 때문입니다.

누군가가 경험한 하늘을
누군가가 이야기속에 전한 하늘을
내가 진리라고 믿고 있을 뿐입니다.

누군가가 경험한 하늘이
더 좋은 하늘이 되고
누군가가 경험한 하늘이
더 높은 하늘이 되는 것이
물질의 시대에 종교가 가진 하늘의 실체입니다.

하늘을 찾는 사람일수록
자신의 입맛에 맞는 하늘만을 찾아 헤메고 있습니다.
하늘을 찾는 사람일수록
자신이 원하는 하늘이 따로 있습니다.
하늘을 찾는 사람일수록
자신이 인정하고 받아들일 수 있는 하늘이 따로 있습니다.

하늘을 찾는 사람일수록
자신만의 하늘을 가지고 있습니다.
하늘을 찾는 사람일수록
내가 아는 하늘이 진짜라는 근거없는 신념들로 가득 차 있습니다.

인류의 의식속에서 오염된 하늘을 모두 정화하기 위해
하늘이 땅으로 내려왔습니다.
종교에 오염된 하늘을 걷어내기 위해
하늘이 땅으로 내려왔습니다.
이야기속에 잘못 전해진 하늘을 바로 잡기 위해
하늘의 주인이 땅으로 내려왔습니다.

마지막 때에
자기만의 하늘을 찾는 사람들이 고집을 피우다
가장 먼저 육신의 옷을 벗을 것입니다.
마지막 때에
타인이 믿고 있는 하늘이 틀렸다고 비난하는 사람들이
뒤이어 육신의 옷을 벗게 될 것입니다.

내가 믿는 하늘이 최고라고 믿는 사람들은
믿는 하늘에 발등을 찍히게 될 것입니다.
내가 믿는 하늘만이 구원의 길이라고 말하는 사람들끼리
죽음의 골짜기로 모여들게 될 것입니다.

복을 구하기 위해 찾는 하늘은

인류의 역사에서 사라지게 될 것입니다.
살기 위해 찾는 하늘은 그곳에 없을 것입니다.

위안을 얻기 위해
마음의 평안을 얻기 위해 찾는 하늘은
더 이상 정상적으로 작동하지 않을 것입니다.

가족의 건강을 지켜주고
나에게 복을 주기 위해 존재하는 하늘은
이제는 그 문을 닫을 것입니다.

하늘이 땅으로 내려왔습니다.
하늘의 주인인 창조주께서 인간의 육신의 옷을 입고
땅으로 내려왔습니다.

오염된 하늘을 걷어내기 위해
인류의 눈높이로 추락한 하늘을 제자리로 돌려놓기 위해
인간의 탐욕으로 찌든 하늘과 진짜 하늘을 구별하기 위해
하늘이 땅으로 내려왔습니다.

땅으로 내려온 하늘은 소박할 것입니다.
땅으로 내려온 하늘은 화려하지 않을 것입니다.
땅으로 내려온 하늘은 가장 낮은 곳에 있기에
키가 큰 사람들의 눈에는 잘 보이지 않을 것입니다.

땅으로 내려온 하늘은 평범할 것입니다.
땅으로 내려온 하늘은 너무나 초라하여
자동차를 타고 다니는 사람들의 눈에는 잘 보이지 않을 것입니다.

땅으로 내려온 하늘은 처음에는 별볼일이 없을 것입니다.
땅으로 내려온 하늘은 처음에는 인기가 없을 것입니다.
땅으로 내려온 하늘은 인간의 눈높이에 맞추어
진리를 전하지 않을 것입니다.

땅으로 내려온 하늘은
인간이 일하는 방식으로 일하지 않을 것입니다.
땅으로 내려온 하늘은
하늘이 일하는 방식으로 일할 것입니다.
땅으로 내려온 하늘은
인간에게 인정받는 하늘로 일하지 않을 것입니다.

땅으로 내려온 하늘은
모든 사람의 하늘이 되어야 하기에
가장 낮은 곳에 있을 것입니다.
땅으로 내려온 하늘은
누구만의 하늘이 아닌
우리 모두의 하늘이어야 하기에
너무 소박하고 너무 투박하여
처음에는 알아보는 인자가 매우 적을 것입니다.

땅으로 내려온 하늘은
우리 모두의 하늘이 될 것입니다.

우리 모두의 하늘이기에
자신만의 하늘을 찾는 인자들은 실망할 것입니다.
우리 모두의 하늘이기에
자신의 입맛에 맞는 하늘을 찾는 인자들은 절망할 것입니다.

자신의 하늘을 포기하지 않는 한
자신이 원하는 하늘을 버리지 않는 한
땅으로 내려온 하늘을 그들은 알아보지 못할 것입니다.

하늘은 우리 모두의 하늘이어야 하기에
자신이 믿고 있는 하늘을 버리지 않는 한
자신이 생각하는 하늘을 버리지 않는 한
땅으로 내려온 새로운 하늘을 만나지 못할 것입니다.

하늘을 찾는 사람들의 건승을 빕니다.

스승을 찾는 사람과 스승님들의
마지막 때 슬픈 운명

보이지 않는 세계에서 자신이 원하는 것을 얻기 위해
용한 무속인을 찾는 사람들이 있습니다.
보이지 않는 세계에서 자신이 원하는 것를 찾기 위해
이름이 있는 스승님을 찾아가는 사람들이 있습니다.
보이지 않는 세계에서 자신이 원하는 답을 찾기 위해
영적 능력이 있는 스승님들을 찾아다니는 사람들이 참 많습니다.

눈에 보이는 것이 전부가 아님을 알고
보이지 않는 세계에서 영적인 능력을 얻기 위해
기도빨이 좋은 명당터를 찾는 사람들이 참 많습니다.
눈에 보이는 것이 전부가 아님을 알고
기도와 수행을 통해 도통을 이루고 신통을 이루어
세상을 구해보겠다고 속세를 떠나는 사람들이 참 많습니다.

남보다 특별해지고 싶은 욕망을 채우기 위해
특별한 능력을 가진 스승님을 찾는 사람이 있습니다.
남들은 모르는 특별한 비법이나 비방을 얻기 위해
특별한 재주를 가진 사람을 찾는 사람이 있습니다.

보이지 않는 세계의 진리를 자신의 내면에서 찾기 위해
가부좌를 틀고 앉아 명상을 시작하는 사람들이 있습니다.

보이지 않는 세계의 진리를 몸수련을 통해 이루기 위해
단전호흡이나 기수련을 시작하는 사람들이 있습니다.
보이지 않는 세계의 진리를 나에게 전수해줄 스승님을 찾아
이곳에서 보따리를 싸고
저곳에서 보따리를 풀고 있는 사람들이 있습니다.

특별한 영적 능력이 있는 스승님을 모시기 위해
이삿짐을 싸듯 보따리를 싸서 떠나는 사람들이 있습니다.
특별한 영적 능력이 있는 스승님에게 가르침을 받기 위해
이삿짐을 풀듯 보따리를 풀어 놓고 머무는 사람들이 있습니다.

보따리를 풀어 놓고 머무는 시간이
점점 짧아지고 있는 줄도 모르고
목마른 사람처럼 이 스승님 저 스승님을 찾아
보따리 장수가 되어버린 영성인들이 참 많습니다.

새로운 스승님을 찾아
보따리를 풀어놓기도 전에
또 보따리부터 싸야하는 경우가 있습니다.
새로운 진리를 찾아
보따리를 풀어 놓고 진리를 찾는 중에
보따리를 싸고 있는 동료의 말을 믿고
보따리를 다시 싸서 새로운 진리를 찾는 사람들이 있습니다.

진리를 찾기 위해 떠난 수행의 길에서

이곳에서 만난 사람을 저곳에서 다시 만나기도 합니다.
진리를 찾기 위해 떠난 고행의 길에서
나와 같이 보따리를 싸는 사람을 보면 안심이 되기도 합니다.
진리를 만나기 위해 떠난 구도의 길에서
나와 같이 보따리를 푸는 사람을 보게 되면 참 안심이 됩니다.
진리를 만나기 위해 떠난 가시밭길에서
나와 같이 이곳에 보따리를 풀어놓고 행복해하는 사람들이
많이 있는 곳일수록 오기를 잘했다는 생각이 듭니다.

이곳이 진리가 있는 곳인데
보따리를 싸서 떠나는 사람을 보고 불같이 화를 내기도 합니다.
이곳이 진리가 있는 곳인데
보따리를 싸서 떠나는 사람을 보고 안타까워 눈물을 흘립니다.
이곳은 진리가 있는 곳인데
진리를 몰라보고 가짜를 찾아 보따리를 싸는 사람들을 보며
그들을 위해 밤새워 기도를 하기도 했습니다.

이곳이 진리인 줄 알았는데
이곳이 진짜인 줄 알고 최선을 다해 살았는데
내가 이곳을 배신하고
내가 보따리를 쌀 줄은 한번도 생각하지 못했는데
보따리를 또 싸고 있는 나를 봅니다.

세상 너머에 있는 진리를 찾기 위해
보이지 않는 세계의 진리를 얻기 위해

보따리를 풀고
보따리를 싸고 한 것이 몇 번이던가?

보따리를 싸고
보따리를 풀고 있는 나를 보고
속을 모르는 사람들은 보따리 장사라고 비하하기도 합니다.

보따리를 싸고
보따리를 또 풀고 있는 나를 보고
속도 모르는 사람들은 보부상이라고 비하하기도 합니다.

보따리를 싸고
보따리를 풀다 보니
이미 보따리를 싸서 떠난 곳에 다시 보따리를 풀고 있는 나를 보며
이거 뭐가 이상하구나 생각도 해봅니다.

보따리를 자주 쌀 수밖에 없도록 예정된 사람이 있습니다.
보따리를 자주 풀 수밖에 없도록 프로그램된 사람이 있습니다.

보따리만 싸다가
보따리만 풀다가
열매를 맺지 못하도록 숙명적으로 정해진 사람이 있습니다.

보따리만 싸다가
보따리만 풀다가

보따리 장사만 하다가 삶을 소비하도록
하늘에서 프로그램된 사람이 있습니다.

보따리를 싸다가
보따리만 풀다가
자신이 찾는 진리의 미로속에 갇혀
길을 잃고 소비하는 삶을 살도록 예정된 사람들이 있습니다.

진리를 남용한 사람에게
진리를 빙자하여 타인의 생명을 빼앗은 사람에게
진리를 이용하여 자신의 욕심과 욕망을 채운 사람들이
자신이 찾는 진리의 미로속에서 길을 잃고
보따리 장사의 삶을 통해 카르마를 해소하는 사람들이 있습니다.

하늘은 영이 탄생될 때 하늘의 마음인 양심을 심어 놓았습니다.
하늘은 영혼이 인간으로 태어날 때 양심을 심어 놓았습니다.
행성을 운영하는 하늘 사람으로 살다가
영혼의 외투를 입고 의식이 있는 생명체로 살다가
인간으로 태어나 살면서
자신의 카르마로 인하여
하늘이 심어 놓은 양심을 잃어버린 사람들이 있습니다.
자신의 지은 카르마를 해소하기 위하여
자신이 찾는 진리의 미로에 갇혀
평생 한곳에 머무르지 못하고
진리를 동냥하는 걸인의 삶을 살고 있습니다.

하늘이 영에게 심어 놓은 양심을 잃어버린 영혼들은
진리의 씨앗이 온전하지 못합니다.
진리의 씨앗이 온전하지 못하기에
진리를 만났을 때 진리에 온전하게 공명할 수 없습니다.
진리의 씨앗이 온전하지 못하기에
진리를 들었을 때 진리를 온전하게 이해할 수 없습니다.
진리의 씨앗이 온전하지 못하기에
진리를 두 눈으로 직접 보고도
진리라고 온전하게 믿을 수 없습니다.

진리를 찾는 보따리 장사들은
자신의 카르마가 온전하게 해소되어야
진리의 씨앗이 자라
진리의 열매를 맺을 수 있습니다.

진리를 찾는 보따리 장사들은
우주에서 진리를 빙자하여 수많은 속임수를 통해
자신의 카르마를 쌓은 사람들입니다.

진리를 찾는 보따리 장사들 중에
이곳저곳 떠돌면서 배운 잡다한 지식으로
또 다시 진리를 빙자하여
보따리 상인으로 삶이 프로그램된 사람들이
거짓 선지자의 삶을 살고 있는 영혼들의 슬픈 운명입니다.

거짓 선지자 또한 자신의 카르마를 해소하고 나면
진리의 씨앗이 온전해질 것입니다.
보따리 장사와 보따리 상인들 역시
자신들의 카르마를 온전하게 해소하고 나면
진리의 씨앗을 품은
창조주의 자녀가 될 예정입니다.

이것이 우주의 사랑이며
이것이 창조주의 사랑입니다.
이것이 이 우주에서 잘못되는 것은
아무것도 없다는 것이 갖는 의미입니다.

지구 행성의 자연의 대격변을 위한 하늘의 준비

2020년 8월 25일 지구 행성의 대기 순환 시스템이
17차원에서 18차원으로 전환되었습니다.

2020년 9월 11일
지구 행성의 해수 순환과 해양 순환 시스템이
17차원에서 18차원으로 전환되었습니다.

2020년 9월 22일
지구 행성의 지진 시스템과 화산 시스템이
17차원에서 18차원으로 전환되었습니다.

2020년 10월 16일
지상으로 내려오신 창조주의 중심의식들인
천황과 지황과 인황이 하나의 의식으로 통합된
삼합일도의 창조주의 중심의식이 완성되었습니다.

2020년 11월 24일
지상으로 내려오신 창조주의 중심의식인 삼합일도 의식에게
근원의 근원으로부터
무극에 계시는 창조주로부터
지구 행성을 운영해도 좋다는 승인이 있었습니다.

지구 행성의 대자연의 격변을 위한
하늘의 준비 과정은 다음과 같습니다.

지구 행성에는 3개의 큰 안전핀과
2개의 중간 규모의 안전핀이 있습니다.
지구 행성의 중요한 5개의 안전핀의 중심에
경주 첨성대의 안전핀이 있습니다.
지구 행성의 차원상승 과정에서
5개의 안전핀에서
큰 안전핀 3개 중 2곳의 안전핀과
중대형 규모의 2개의 안전핀 중 하나가 해제될 예정입니다.

2019년 11월 9일 오후 2시
지구 행성의 지각판의 에너지 균형을 지탱하고 있던
3개의 에너지핀 중 하나인
첨성대에 있는 안전핀에 대한 봉인이 해제되었습니다.

전라남도 해남지역에 소규모의 지각판이 흔들리고 있습니다.
이 지각판은 첨성대핀의 영향을 받고 있으며
전라도 서남해안의 대형지진과 관련이 있습니다.
이 지각판이 활성화되면 아시아 대륙과 동남 아시아와
인도차이나 반도의 대형지진의 발생과 함께
대륙의 융기와 침몰을 일으키는
방아쇠 역할을 하게 될 것입니다.

2020년 5월 20일 오후 2시
지구 행성의 지각판의 에너지 균형을 지탱하고 있던
3개의 에너지핀 중 2번째 안전핀이 있는
지중해 크레타섬에서 안전핀의 해제가 이루어졌습니다.

크레타섬에 있는 지각판이 활성화되면
유럽지역의 지각판들이 대규모로 활성화될 것입니다.
크레타섬에 있는 지각판이 활성화되면 지축이동 과정에서
유럽 대륙의 융기와 침몰을 일으키는 방아쇠가 될 것입니다.

그 외의 중간규모의 안전핀 2개는
미국 서부 해안과 남미 대륙 끝에 위치하고 있으며
이곳의 봉인 해제는 5월 28일에 봉인이 해제될 예정입니다.

봉인이 해제된 지각판들이 하늘의 타임라인에 의해
광자의 빛과 가이아의 게(Ge) 에너지가 주입이 되면
지각판들의 활성화가 이루어질 것입니다.

미국 서부 해안의 지각판은
북미 지역의 지각판을 크게 움직일 것이며
미국의 지도를 바뀌어 놓을 것입니다.
미국 서부 해안의 지각판은
지축 이동 과정에서 태평양 지역에
레뮤리아 대륙의 융기를 일으키는 도화선이 될 것입니다.

남미 대륙 끝에 있는 지각판은
남반구 지역의 지각판들을 요동치게 할 것입니다.
남미 대륙 끝에 있는 지각판은 지축이동 과정에서
남반구에 있는 대륙들의 융기와 침몰에 영향을 줄 것입니다.

지각판들에 대한 안전핀이 해제된다는 것은
지각판들의 움직임이 활성화된다는 것을 의미합니다.
모든 행성은 하늘에서 설계되어 창조될 때
주기적으로 바다가 육지가 되고 육지가 바다가 되는
대규모 지각 운동이 일어날 수 있도록 창조됩니다.

지구 행성은 5개의 안전핀으로 구성되어 있습니다.
그 핵심중에 핵심이 경주에 있는 첨성대 안전핀입니다.
안전핀이 설치되어 있는 곳은
지금의 인간의 과학기술로는 확인할 수 없지만
거대한 무형의 기계장치로 되어 있으며
무형의 기계장치들에 의해 모든 지각판들과 연결되어 있습니다.

안전핀이 해제된다고
대규모의 지각운동이 바로 발생하는 것은 아닙니다.
봉인이 해제된 곳의 무형의 기계장치를 작동시킬 수 있는
큰 에너지가 우주 함선들에 의해 대규모 주입이 있어야 합니다.

대규모의 지각운동이 일어나는 원리는 다음과 같습니다.
지각판들에는 크고 작은 안전핀이 설치되어 있습니다.

지각판들에 설치된 안전핀이
자동차의 가속 페달에 해당한다면
자동차의 브레이크에 해당하는 안전핀이 존재합니다.

경주에 있는 첨성대의 안전핀은
지구 행성의 지각판들 중에 가장 중요한 안전핀입니다.
석굴암 지하에 무형으로 설치된 안전핀이
지구 행성을 보호하는 최고의 안전핀입니다.

대규모 지각운동은 가속 페달에 해당하는 안전핀이 해제가 되고
안전핀이 제거된 거대한 무형의 시스템과
브레이크 역할을 하는 시스템에
우주 함선으로부터 대규모의 에너지 주입이
이루어질 때만 일어납니다.

대규모의 지각운동은 저절로 일어나지 않습니다.
대규모의 지각변동은 우연하게 일어나지 않습니다.
눈에 보이지 않는 공의 세계와 기의 세계에서
하늘의 치밀한 계획을 통해
하늘이 계획한 대로 한 치의 오차없이
색의 세계에서 일어나게 됩니다.

모든 자연재해가 있는 곳들 중에서도
하늘에 의해 보호가 될 지역들에는 에너지장이 강하게 설치되어
자연재해로부터 보호를 받게 됩니다.

지각판들의 안전핀이 해제됨과 동시에
지각판들의 지각운동 때 반드시 보호될 지역에 대해서는
그곳을 보호하기 위한 에너지장이 설치되는 것이
하늘이 일하는 방식입니다.

대규모 자연재해가 예정된 곳에 살고 있는 사람들 중에
반드시 살아야 되는 사람들에 대해서는
그를 보호하는 에너지장이 설치가 됩니다.
자연재해가 일어나기 전이나 자연재해가 일어나는 응급상황에서
살사람을 반드시 살리기 위해
에너지장의 설치와 함께 천사들이 배치되어
그의 의식과 감정에 영향을 미쳐 그 상황을 극복하게 하는 것이
하늘이 일하는 방식입니다.

2019년 4월 23일부터 4월 26일까지 천황의 중심의식에 의해
광자의 빛을 조절하는 특수 에너지막이 설치되었습니다.
태양으로부터 들어오는 광자의 빛을 조절하는
특수한 에너지막을 우주에서는 문명 종결의 막이라고 합니다.

행성의 문명을 인위적으로 하늘의 개입에 의해 멸망시킬 때
문명 종결의 막을 이용하는 것이 보편적인 방법입니다.
2020년 5월 19일을 기점으로
문명 종결의 막이 가동되기 시작하였습니다.
하늘은 문명 종결의 막을 통해 바이러스 난을 확산시킬 것입니다.
하늘은 문명 종결의 막을 통해 바이러스를 변형시킬 것입니다.

하늘은 문명 종결의 막을 통해 지각판들을 활성화시킬 것입니다.

2020년 6월 25일 지구 행성과 태양 사이에
새로운 광자대 프로그램이 시작될 것입니다.
2020년 6월 25일 이후부터 들어오는 태양의 빛은
처음에는 식물부터 영향을 받기 시작할 것입니다.

2020년 12월 3일부터 들어오는
6개 종류의 광자의 빛은 순차적으로 선택적으로
지구 행성에 많은 변화를 일으키게 될 것입니다.
2020년 12월 3일부터 들어 오는 빛은
바이러스의 변이를 촉진시키게 될 것입니다.
광자의 빛에 의해 시간이 흐르면서 식물들이 성장장애를 겪으면서
생기를 잃거나 수확량이 크게 감소할 것입니다.
동물들의 이상 행동이 증가하게 될 것이며
가축들을 원인없이 이유없이 쓰러지게 할 것입니다.

2020년 12월 3일부터 들어오는 광자의 빛은
시간이 흐르면서 지구 행성에 더 많이 쏟아져 들어올 것입니다.
광자의 빛이 축적될수록
자연재해와 기후변화를 촉진하게 될 것입니다.
광자의 빛이 축적될수록
인간의 의식선과 감정선에 영향을 주게 될 것입니다.
인간의 의식선과 감정선에 광자의 빛이 축적되면
우울증이나 정신분열 증상이 폭증하게 될 것입니다.

인간의 의식선과 감정선에 광자의 빛이 축적되면
폭발적 행동을 동반하는 분노와 척신난동으로 인한
사회적 문제가 나타나게 될 것입니다.

광자의 빛이 안전핀이 제거된 지각판에 작용하면
대형지진들과 대형 쓰나미들이 빈번하게 발생하게 될 것입니다.

하늘에서 지구 행성의 물질문명을 종결하기 위한 준비들이
보이지 않는 세계에서 진행되고 있음을 전합니다.

눈에 보이는 것만을 믿는 인류는
눈에 보이는 것만을 믿을 수밖에 없는 인류들은
하늘이 준비한 것들이 눈에 보이는 세계로 드러날 때
하늘을 원망하고 하늘을 두려워 할 것입니다.

하늘은 하늘 스스로 정한 그 길을
인류의 의식의 눈높이가 아닌 하늘이 일하는 방식에 의해
가슴을 닫은 채 지구 행성의 마지막 때를 집행할 것입니다.

하늘은 속전속결 동시다발로 전세계적으로
지구 행성의 마지막 때를 가슴을 닫고 진행할 것입니다.

시절인연이 있는 하늘 사람들과
시절인연이 있는 빛의 일꾼들을 위해
우데카 팀장이 이 글을 기록으로 남깁니다.

하늘이 마지막 때에 준비한 대재난
국가들의 붕괴

마지막 때에
하늘이 만들어 놓고 관리하던 국가와 민족들이
하늘에 의해 붕괴될 것입니다.

지구 행성에 국가의 의미는
같은 카르마를 가지고 있던 영혼 그룹들을 한곳에 모아놓고
카르마를 해소하기 위해 국가라는 형태가 필요했습니다.
서로 간에 풀어야 할 카르마가 있는 경우에
같은 지역에 태어나 삶을 살게 할 수밖에 없기 때문입니다.

지구 행성에서 국가의 의미는
동일한 문화와 사상, 이념을 경험하게 하기 위해
하늘이 준비하여 설치한 무대(마당)입니다.

지구 행성에서 국가의 의미는
영혼의 진화 과정이 유사하거나 비슷한 영혼들을 모아놓고
영혼의 물질 체험을 할 수 있게 하기 위해서입니다.

지구 행성에는 참 많은 국가와 민족이 존재합니다.
하늘의 입장에서 보았을 때
국가와 민족은 각자의 영혼 그룹들의 사연을 의미합니다.

지구 행성은 참 사연이 많은 행성입니다.
우주의 카르마를 지은 영혼 그룹들의 사연을 모두 담다보니
지구 행성은 거대해질 대로 거대해졌으며
지고 있는 등짐도 무거워질 대로 무거워진 행성입니다.

지구 행성에 국가와 민족이라는 형식을 빌어
우주의 아픔과 슬픔을 하나 둘 담다보니
넘쳐나는 줄도 모르고 이렇게 거대해졌습니다.
지구 행성은 참으로 아프고 아픈 땅이며 슬프고 슬픈 땅입니다.
지구 행성은 우주의 고통과 절망이 담긴 감옥행성입니다.

지구 행성에서 펼쳐졌던 역사만 보더라도
가슴 아픈 전쟁의 역사이며
치열한 삶의 현장이었으며
영혼들의 몸부림과 한이 서려있는 곳입니다.

지구 행성 구석구석 사연없는 곳이 없습니다.
각자의 우주의 카르마들을 가지고
각자의 우주에 일어났던 자신들의 사연을 들고
지구 행성으로 들어왔습니다.
그 사연을 풀어내느라 삶은 고통의 연속이었으며
삶은 치열한 전쟁터였습니다.

이제는 감옥행성으로서의 지구 행성의 역할이 끝났습니다.
이제 하늘은 그들의 한을 모두 풀어내 거두려 합니다.

이제 하늘은 국가와 민족이라는 형식의 행성의 연극 무대를
하늘 스스로 철거를 할 것입니다.

지구 행성에 자신들의 우주적 카르마를 가지고
입식된 영혼 그룹들에게
국가와 민족이라는 연극 무대를 배치한 기준은 다음과 같습니다.

첫번째 원칙

우주에서 발생한 모순들 중에 공통적으로 문제되었던 사안을
우선순위로 선정했습니다.
우주에서 가장 치명적인 문제에 연루된 카르마를 가지고 있는
영혼 그룹들끼리 같은 국가와 민족으로 배치하였습니다.

같은 모순을 가지고 있는 영혼 그룹들끼리
같은 행성에서 온 영혼 그룹들끼리
같은 카르마를 가지고 있는 영혼 그룹들끼리
같은 지역에서 태어나 살면서
각자의 모순과 카르마를 해소하게 하였습니다.

두번째 원칙

우주에서 발생한 모순들 중에
특수한 모순이 있는 영혼 그룹들을
특정한 지역에 태어나 살면서
자신들의 모순에 대한 해법을 찾게 하였습니다.

인디언 보호구역처럼 정해 놓고
특수한 모순을 가진 영혼들이
같은 민족과 같은 국가라는 형식을 통해
자신들이 가진 모순과 카르마들을 드러내게 하였습니다.

세번째 원칙

우주의 모순과 카르마들을 해소하기 위함보다는
우주의 모순을 해결하기 위한 목적으로
특정한 지역에 특정한 영혼 그룹들을 모아 놓았습니다.

우주의 모순을 해결하기 위해
실험행성으로서의 역할을 위해
특정한 국가와 민족이 필요했습니다.

마지막 때에 한반도는
지상으로 내려오신 창조주에 의해
지구 행성의 문명이 총결산되는 곳입니다.
마지막 때에 한반도는
지상으로 내려오신 창조주에 의해 새로운 정신문명을 건설하기 위해
창조주께서 주관하는 아보날의 수여가 예정되어 있는
세계에서 유일한 곳입니다.

마지막 때에 한반도는
지구 행성에 우주의 카르마를 가지고 온 영혼 그룹들의
최고 수뇌부들이 태어나 살고 있는 곳입니다.

마지막 때에 한반도는
지구 행성의 미래를 위해 최고 엘리트 그룹들이 집결되는 곳이며
지구 행성의 모순들이 결자해지되는 곳이며
지구 행성의 문명이 총결산되는 곳입니다.

마지막 때에 하늘은 국가를 붕괴시킬 것입니다.
마지막 때의 국가 붕괴의 의미는
지구 행성의 문명을 총결산하고 정리한다는 것을 의미합니다.
마지막 때에 일어나는 국가의 붕괴는
서로 얽히고설켜 있던 카르마의 정산을 의미합니다.

카르마가 해소된 영혼들은 지구 행성을 떠나게 될 것입니다.
카르마가 해소된 국가들부터 국가의 붕괴가 시작될 것입니다.

마지막 때에 일어나는 국가의 붕괴는
행성에서 물질 체험을 위한 연극무대를 철거하겠다는 의미입니다.
국가 형태로 엮어두고 민족의 형태로 엮어두어 경험하던
이념, 사상, 문화, 철학 등의 경험이 필요 없어졌음을 뜻합니다.

마지막 때에 일어나는 국가의 붕괴는
새로운 판을 짜기 위해서입니다.

마지막 때에 국가의 붕괴는
다음과 같은 원칙에 의해 하늘에 의해 집행될 것입니다.

첫번째

하늘이 준비한 사건과 사고들에 의해

나라마다 가지고 있는 모순에 의해 붕괴시킬 예정입니다.

공산주의와 전체주의와 같은 사상이나 이념을

스스로 부정할 수밖에 없는 사건들을 경험하게 되면서

스스로 무너지게 될 것입니다.

예를 들어

미국은 다민족을 끌어안아 하나의 거대 왕국이 된 나라입니다.

그러나 이들은 이 다민족을 부정하게 되면서 미국은

자멸하게 될 것입니다.

두번째

제3차 대전과 같은 전쟁을 통하여

지구 행성의 문명을 종결하는 일은 없습니다.

전쟁은 너무나도 많은 카르마를 발생시킵니다

문명을 종결하는 이 시점에 카르마가 많이 발생하는

대규모의 전쟁을 통한 문명 종결이 아니라

카르마가 발생하지 않는

스스로의 모순에 의해 국가들이 붕괴될 것입니다.

국가가 붕괴되는 과정에서

카르마를 해소하기 위한 방편으로

소규모의 내전들이 준비되어 있을 뿐입니다.

세번째

카르마가 제일 많았던 국가들부터
카르마 해소를 위한 대규모의 자연재해가 시작될 것입니다.

국가를 붕괴시키기 위한 하늘의 천둥과 번개가
카르마가 많은 국가들부터 집행될 것입니다.
대규모의 자연재해와 바이러스, 사회 갈등이
다른 나라보다 빈번하게 일어나게 될 것입니다.

국가의 붕괴와 함께
지구 행성의 물질문명은 종결을 맞이하게 될 것입니다.
국가의 붕괴가 진행되는 동안 대규모의 자연재해를 통해
많은 인류들이 고통 속에 죽음을 맞이할 것입니다.

살아남은 소수의 인자들만이
하늘이 준비한 안전지대로 피난을 할 수 있을 것입니다.
살아남은 소수의 인자들에 의해
하늘의 새로운 정신문명이 펼쳐질 것입니다.

하늘이 마지막 때에 준비한 대재난
종교의 붕괴

한반도는 세계의 모든 종교의 전시장입니다.
한반도는 민족 종교들의 전시장입니다.
한반도는 점집과 무속인들이 참 많은 곳입니다.

한반도는 원시반본과 시종여일의 신성한 땅입니다.
한반도에서 시작한 지구 행성의 문명이 돌고 돌아
한반도에서 결산을 앞두고 있습니다.
한반도에서 시작한 문명이 한반도에서 종결되고
한반도에서 후천의 시대를 열고자 하는
하늘의 뜻이 땅에서 펼쳐질 것입니다.

무너지는 정치보다도
무너지는 경제보다도
무너지는 건물보다도
종교가 붕괴될 때 인류는 가장 심한 고통을 느끼게 될 것입니다.
인류가 마지막 때에 하늘을 찾고 울부짖을 때
하늘은 대답없는 하늘로 있어야 하기에
인류는 종교가 붕괴될 때 망연자실하여 길을 잃게 될 것입니다.

하늘이 마지막 때에 준비한 대규모의 자연재해와 괴질로 인하여
지구 행성의 물질문명은 종결을 맞이하게 될 것입니다.

하늘이 마지막 때에 준비한
척신난동과 거짓 선지자들을 통해
지구 행성의 종교들은 모두 붕괴를 맞이하게 될 것입니다.

하늘이 땅에 설치한 종교 매트릭스들을
하늘 스스로 철거를 시작할 것입니다.
하늘이 종교 매트릭스를 운영하기 위해 배치했던
천사들의 철수가 시작될 것입니다.
하늘이 종교 매트릭스를 유지하기 위해
성직자와 종교인에게 주었던
영적인 능력들의 회수가 시작될 것입니다.
하늘이 종교 매트릭스를 유지하기 위해 펼쳐놓았던
하늘과 연결된 정보라인들이 정리가 이루어질 것입니다.

잃어버린 하늘을 되찾아 주기 위해
하늘은 인간의 마음을 움직일 것입니다.
인간의 마음을 움직이기 위해
하늘은 천사들을 대규모로 움직일 것입니다.
하늘은 오염된 종교에 찌들어 있는 인류에게
거짓 선지자와 여시아문과 척신난동을 통하여
하늘의 맨얼굴들을 드러낼 것입니다.

하늘이 종교를 붕괴시키기 위한 그때가 시작되면
종교인들의 내부에서 서로가 서로를 헐뜯게 될 것입니다.
남녀노소 가리지 않고 서로가 서로를 헐뜯게 될 것입니다.

갈 곳을 잃고 가족을 잃고 의지할 곳 없는 이들이
끝까지 자신이 믿던 신을 찾다가 죽음길로 뛰어들게 될 것입니다.
기도를 하다가 많은 이들이 목숨을 잃게 될 것입니다.
주문수행을 하다가 많은 이들이 목숨을 잃게 될 것입니다.

자신이 찾던 신을 찾다가 많은 이들이 목숨을 잃게 될 것입니다.
구름타고 오는 신을 기다리다가 많은 이들이 죽을 것입니다.
재림 예수와 미륵 부처님을 기다리다 많은 사람이 죽을 것입니다.
자신을 구해줄 우주선을 기다리다가 많은 이들이 죽게될 것입니다.
환시와 환청, 방언을 하며 많은 사람들이 죽음을 맞이할 것입니다.

하늘이 무너지고 땅이 갈라질 때
그들은 자신들이 믿던 신을 찾아 울부짖게 될 것입니다.
하지만 그들이 찾는 신은 아무런 응답이 없을 것입니다.
그리고 그들이 찾는 신은 거기에 없을 것입니다.

하늘이 땅을 말고 땅을 펼 때
하늘은 더 이상 종교인들에게 그들의 안식처가 되어줄 공간을
한 치도 허락하지 않을 것입니다.
죽어가면서도 기도하며 자신이 믿는 신을 찾을 것입니다.
그러거나 말거나
하늘은 가슴을 닫고 자연재해를 밀어붙일 것입니다.

자신이 믿는 하늘만을 진짜 하늘이라 믿으며
하늘을 향해 살려달라고 울부짖을 것입니다.

그러거나 말거나
하늘은 가슴을 닫은 채
괴질을 밀어붙일 것입니다.

죽어가는 사람을 보면서도
자신이 믿는 신을 포기하지 않을 것입니다.
같이 죽어가면서도 그들은
자신이 믿는 하늘만을 고집할 것입니다.
그러거나 말거나
하늘은 가슴을 닫고
대지진과 대공황을 통해 모든 국가들을 붕괴시킬 것입니다.

하늘이 이럴 수는 없다고
이런 하늘은 필요 없다고 울부짖을 때
하늘은 가슴을 닫고
양의 탈을 쓴 늑대의 모습을 하고 있는
거짓 선지자들을 인류에게 선물로 보낼 것입니다.

하늘이 인류에게 선물로 보낸 거짓 선지자들은
죽음의 골짜기로 사람을 불러 모을 것입니다.
하늘이 종교를 붕괴시키기 위해 준비된 거짓 선지자들은
물고기를 싹쓸이하는 저인망의 그물처럼
죽기로 예정된 사람들을 싹쓸이하여
죽음길로 안내하게 될 것입니다.

무너지는 건물을 보며 갈라지는 땅을 보며
가족의 죽음 앞에서도
인류는 자신이 믿는 신을 쉽게 포기하지 않을 것입니다.
그것을 놓아버리는 순간
자신은 갈 곳을 잃고 지옥에 갈 거라고 두려워할 것입니다.
배고픔과 굶주림 앞에서도
인류는 자신의 종교적 신념을 쉽게 포기하지 않을 것입니다.

종교인의 완고함을 무너뜨리기 위해
종교인들의 허상을 무너뜨리기 위해
하늘은 여시아문을 통한 척신난동을 통해 준비했습니다.
하늘이 들려주는 소리만 듣고
위아래 구분없이 반말을 하며
타인을 훈계하며 윽박지르며 가르치려 할 것입니다.
자신에게 들리고 보이는 것만을 세상의 전부로 알고
내가 들은 것이 진짜라고 남녀노소를 불문하고
함부로 반말을 하게될 것입니다.
많은 종교인들 사이에서 여시아문을 통한 척신난동이
우후죽순처럼 여기저기서 동시다발로 일어날 것입니다.

종교에 몸담고 있는 사람들 중에
내 아이가 귀신들렸다고
우리 엄마가 헛소리를 한다고
내 친구가 정신이 이상하다고
수도 없이 많은 사람들이 아우성을 칠 것입니다.

방언을 하는 사람들이 부처님을 찬양하게 될 것입니다.
기도와 수행을 하던 스님들이 예수님을 찬양하게 될 것입니다.

방언을 하는 사람들이 늘어나
목사님과 대립하게 될 것입니다.
평소 신도들의 신임을 받던 불자들이
여시아문의 소리를 듣고
스님들과 대립하게 될 것입니다.
시간이 지날수록 그 숫자는 점점 늘어만 갈 것입니다.

종교를 유지하기 위해 공급되던
하늘의 빛이 차단될 것입니다.

종교 지도자들에게 하늘의 역습이 시작될 것입니다.
종교 지도자들에게 주어진 영적 능력이 회수될 것입니다.
종교 지도자들에게 연결된 하늘의 정보라인이 끊어질 것입니다.
종교 지도자들에게 하늘이 설치한 에너지장이 걷히게 되면서
종교 지도자들은 평범한 인간의 모습으로 돌아오게 될 것입니다.

거짓 선지자들의 속임수에 속고
종교 지도자들에게 실망을 느끼면서
여시아문의 세계를 통한 척신난동을 겪으면서
직장을 잃고 생활고에 내몰리면서
종교는 점점 힘을 잃어가게 될 것입니다.

하늘과 인간의 소통이 끊어진 물질의 시대에
종교는 누군가에게는 영혼의 진화의 기회가 되어 주었습니다.
하늘과 인간의 소통이 끊어진 종교의 시대에
신은 누군가에게는 희망이 되어 주었으며
신은 누군가에게는 기쁨이 되었으며
신은 누군가에게는 고통스럽고 힘든 삶을 견디어 내는
힘이 되어 주었습니다.

하늘은 영혼의 물질 체험을 하는 영혼들에게
순수함을 잃지 말라고
순결함을 잃지 말라고
하늘과 인간을 연결시켜 놓았습니다.
하늘이 길을 떠난 자녀들을 보살피는 한 방법으로
하늘은 그동안 다양한 층위의 종교 매트릭스를 운영해 왔습니다.
하늘이 영혼의 여행을 떠난 영혼들이 물질 체험을 하는 동안
길을 잃지 말라고
하늘은 종교를 통해 등대가 되어 주었으며
하늘은 종교를 통해 때로는 부모가 되어주었습니다.

하늘은 영혼의 나이에 맞는
다양한 종교를 땅에 설치하여 운영하여 왔습니다.
하늘은 나이가 어린 영혼들의 공부와 영혼들의 진화를 위해
낮은 차원의 종교에서부터
높은 차원의 종교까지
다양한 신들을 종교라는 이름으로 펼쳐 놓았습니다.

하늘은 대우주의 모순을 해결하기 위한 방법으로
종교를 통하여 카르마들을 해소하여 왔습니다.
하늘은 대우주의 모순을 해결하기 위한 수단으로
종교의 이름으로
신의 이름을 빙자한 전쟁들을 통해
우주의 카르마들을 해소하여 왔습니다.

선천의 하늘을 마감하기 위해
하늘이 땅으로 내려왔습니다.
오염된 하늘을 정화하고
후천의 하늘을 열기 위해
창조주께서 땅으로 내려오셨습니다.

새 하늘과 새 땅을 열기 위해
새 술을 새 부대에 담기 위해
새로운 정신문명을 열기 위해
창조주께서 땅으로 내려오셨습니다.

지구 행성의 물질문명을 종결하기 위해
지구 행성의 종교를 붕괴시키고
후천의 하늘을 열기 위해
창조주께서 땅으로 내려오셨습니다.

당신이 이 글을 읽고 있는 지금이 바로 그때입니다.
인류의 건승을 빕니다.

하늘이 마지막 때 준비한 대재난
태양편

지구 행성의 문명을 종결시키기 위해
태양빛이 변할 것입니다.
지구 행성의 문명을 종결시키기 위해
새롭게 프로그램된 태양에서
지구 행성에 들어오는 태양빛을 광자대(光子帶)라고 합니다.

지구 행성의 문명을 종결시키기 위해
지구 행성에 유입되는 모든 태양빛들을 선택적으로 조절하는
문명 종결의 막이 광자대의 빛을 대거 유입시킬 것입니다.

하늘의 개입에 의해
행성의 문명이 강제적으로 종결될 때 진행되는 문명 종결의 막이
가동을 시작하였습니다.
마지막 때에 행성에 유입되는 태양빛을 광자대라고 합니다.

이 빛은 문명을 종결시키는 빛이며
모든 생명체들을 회수하는 빛입니다.
이 빛은 심판의 빛이며
이 빛은 생사를 결정하는 빛입니다.

행성의 문명을 시작할 때 광자대의 빛이 반드시 필요합니다.

행성의 문명을 종결할 때 광자대의 빛이 반드시 필요합니다.
광자대의 빛에는 행성의 문을 열고 닫을 때 꼭 필요한
5가지 기능을 가지고 있는 광자의 빛이 들어가 있습니다.

첫번째 빛 : 모든 생명체들을 죽이는 빛
이 빛은 행성에 살고 있는 식물체들을 고사시키는 빛입니다.
산천초목을 말라죽게 하는 빛입니다.
식물의 수관 시스템을 파괴하는 빛입니다.
이 빛이 식물의 수관의 무형의 기계장치에 작용하여
동화작용과 이화작용의 기전에 오류를 일으키게 됩니다.

지구 행성에서 떠날 식물들에게 작용하여
식물을 행성에서 제거하는 역할이 있습니다.
이 광자의 빛이 행성 가이아 게(Ge) 에너지의
(+)의 파괴 에너지와 결합하면
대자연의 생명력을 파괴하게 될 것입니다.

이 빛은 동물들의 심장을 공격하는 빛입니다.
심장이 뛰고 있는 동물들의 심장을 공격하여
동물들의 심장마비를 통한 집단 떼죽음을 일으키는 빛입니다.
이 빛은 지구 행성을 떠나게 될 동물들에게
선택적으로 작용하게 될 것입니다.

지구 행성에서 살아갈 동물들의 심장은
하늘의 에너지장에 의해 보호될 것입니다.

이 빛은 인간의 심장에 작용하는 빛이 아닙니다.
이 빛은 지구 행성을 떠날 식물들과 동물들에게 작용하는 빛입니다.
지구 행성의 자연 환경을 정리해주는 빛입니다.

두번째 빛 : 생명체의 의식과 감정선을 교란하는 빛
동물들의 이상 행동을 유발하는 빛입니다.
인간의 감정선과 의식선에 작용하는 빛입니다.

인간의 부정적인 감정들과 부정적인 생각들을 증폭시키는 빛이며
정신분열을 일으키는 빛입니다.

사회적 혼란을 유발하는 빛입니다.
사회적 갈등을 유발하는 빛입니다.
집단과 집단끼리의 갈등을 유발하는 빛입니다.
지구 대격변기에 사회 혼란을 가중시킬 때 사용되는 빛입니다.

이 빛은 긍정적인 생각이나 감정들을 증폭시키는 빛입니다.
이 빛은 인간의 의식을 깨우는 빛입니다.
이 빛은 인간의 감정을 정화하는 빛입니다.

세번째 빛 : 새로운 생명을 잉태시키는 빛
광자대의 빛은 생명체를 죽이는 기능이 있습니다.
광자대의 빛은 생명체를 탄생시키는 기능이 있습니다.
광자대의 빛은 기존의 생명체들은 거두어들이면서
지구 행성에 새롭게 입식될 생명체에게는

지구 환경에 잘 입식되도록 토착화시켜주는 빛의 역할이 있습니다.

광자대의 빛은
행성의 문을 닫기 위한 파괴하는 빛의 성격과
행성의 문을 열기 위한 잉태의 빛의 스펙트럼이 함께 존재합니다.
광자대의 빛은
새로운 6차원 문명에 입식될 식물들이
지구 행성에 잘 안착하도록 도와주는 빛으로 작용할 것입니다.

네번째 빛 : 증폭과 돌연변이를 일으키는 빛
광자의 빛은 다른 에너지들과 결합하여
다른 형태의 에너지로 전환되면서
생명체들에게 증폭과 돌연변이를 일으키게 됩니다.
이 빛은 생명체 내에서 극심한 고통을 일으키는 빛이 될 것입니다.

인간에게 적용되면 바이러스를 활성화시키고
바이러스의 돌연변이를 일으키는 빛으로 사용될 것입니다.
자연재해에 광자의 빛이 적용되면
힘의 세기가 증폭되어 단순한 비가 폭우가 되고
평범한 비바람이 모진 강풍이 되게 하는 빛입니다.

다섯번째 빛 : 분해의 빛
지구 행성의 대격변이 끝나고 나면
지구 행성의 대기와 물을 정화하고
지구 행성을 빛으로 청소해주는 역할을 하는 빛입니다.

광자대의 빛과 다른 에너지들이 결합하여
역장 밖의 모든 환경을 정화하고
원형으로 되돌려 주는 빛의 역할이 있습니다.
행성의 문명이 종결되고
새로운 행성으로 리셋될 때 사용되는 새롭게 태어날 빛입니다.

마지막 때에
광자대의 빛은 매우 다양하게 지구 행성을 덮을 것입니다.
지구 행성 구석구석 안 쓰이는 곳 없이
매우 소중하게 쓰여질 빛입니다.

인류는 광자대를 통과하면서
인류의 의식은 깨어나게 될 것입니다.

광자의 빛의 폭풍을 보고 느끼고 체험하면서
한번도 경험한 적이 없는 자연재해를 경험하면서
인류의 의식은 깨어나게 될 것입니다.

광자의 빛의 폭풍에 잠들어 있던 영은 깨어나게 될 것입니다.
광자의 빛의 흐름을 함께 한 인자들은
새 하늘과 새 땅을 맞이하게 될 것입니다.

광자의 빛 속에 창조주의 사랑이 있습니다.
광자의 빛 속에 물질 체험의 졸업이 있습니다.
광자의 빛이 영혼에게 졸업장을 안겨줄 것입니다.

광자의 빛의 흐름속에 대우주의 순행이 있으며
대우주의 순행 속에 종결과 시작이 있습니다.
대우주의 시련 속에 대우주의 아픔이 있으며
대우주의 아픔 속에 영혼의 결실이 있습니다.
알곡과 쭉정이들이 구분되어질 것입니다.
그날이 시작되었음을 전합니다.

한동안 인류에게 태양이 이상하게 보일 것입니다.
이상한 태양에서 광자의 빛이 지구 행성에 쏟아질 것입니다.
그 시간의 흐름을 광자대라고 합니다.

하늘은 마지막 때를 위해 광자의 빛을 준비했습니다.
광자의 빛이 사용되면 될수록
자연재해의 규모와 사회혼란은 심해질 것입니다.
지구 행성의 마지막 때에
하늘의 타임라인에 따라 매우 정교하게 지구 행성에 유입되면서
지구 행성에 자연재해와 사회혼란을 일으키게 될 것입니다.

아무도 모르게 아무도 모르게
하늘이 일하는 방식에 의해
빛의 심판과 빛의 축복이 광자의 빛에 의해
시작되었음을 전합니다.

인류의 건승을 빕니다.

광자대 빛과 포톤벨트

지금까지 광자대의 빛은 근원의 근원에 의해 주관되어 왔습니다.
지금까지 광자대의 빛은 19차원의 유토피아에 있는
근원의 근원의 빛 관리 시스템에서 생산되어
빛의 생명나무 시스템을 통해 대우주에 공급되어 왔습니다.

지금까지의 광자대의 빛은 19차원의 근원의 근원에 의해
대우주에 공급되는 빛의 한 종류입니다.
근원의 근원에 의해 공급되는 이 빛이 태양의 표면을 스치면서
비로소 광자대 빛으로서의 성질을 가지게 됩니다.

광자대의 빛은 우주를 태동하게 한 원동력의 빛입니다.
광자대의 빛은 우주에 있는 모든 생명체에게
원시의 빛과 태초의 빛의 성질을 가지고 있습니다.

광자대의 빛은 19차원의 빛으로 진동수가 매우 높은 빛입니다.
광자대의 빛은 증폭시키는 성질을 가지고 있습니다.
광자대의 빛은 모든 것을 활성화시키는 성질을 가지고 있습니다.
광자대의 빛은 부정적인 것들은 부정적으로 증폭시키고
긍정적인 것들은 더욱더 긍정적인 면을 증폭시키는 특징이 있습니다.

광자대의 빛은 대우주를 운영하기 위해 창조된 빛입니다.

광자대의 빛은 대우주를 통치하기 위해 창조된 빛입니다.

광자대의 빛은 만물의 변화를 촉진시킵니다.
광자대의 빛은 생명체의 진화를 촉진시킵니다.
광자대의 빛은 영혼들의 진화를 촉진시킵니다.

광자대의 빛은 자연의 변화를 가속화시킵니다.
광자대의 빛은 행성의 변화를 가속화시키는 역할이 있습니다.
광자대의 빛은 행성의 진화를 가속화시키는 역할이 있습니다.

광자대의 빛은 모든 것을 증폭시키고 활성화시키는 빛입니다.
광자대의 빛은 모든 것을 파괴시키고 안정화시키는 빛입니다.
광자대의 빛은 모순들을 심화시키고 드러나게 하는 빛입니다.

광자대의 빛은 행성의 차원상승을 주관하는 빛입니다.
광자대의 빛은 뿌린대로 거두게 하는 심판의 빛입니다.

지구 행성은 1980년부터 광자대 빛에 노출되기 시작하였습니다.
지구 행성의 차원상승을 위하여
1980년부터 광자대의 빛이 집적되어 있는 도넛츠 모양의
포톤벨트(Photon Belt)에 영향을 받기 시작하였습니다.

광자대의 빛은 지구 행성의 차원상승을 주관하는 빛입니다.
광자대의 빛은 지구 행성의 물질문명을 붕괴시키는 빛입니다.
광자대의 빛은 지구 행성의 대자연의 변화를 가속화시키는 빛입니다.

광자대의 빛은 지구 행성의 물질문명을 종결짓기 위해 탄생된
문명 종결의 막을 통해 광자대 빛의 집적율이 높아질 것입니다.
지구 행성의 문명 종결의 막을 통해 집적된 광자대의 빛과
지구 행성의 가이아의 게(Ge) 에너지와 만나게 되면
자연의 격변과 함께 지구 행성의 물질문명의 종결이 가속화될 것입니다.

2022년 5월 16일 오후 3시 30분 광자대의 빛 공급 시스템이
19차원의 유토피아에서 지구 행성으로 변경되었습니다.

2022년 5월 16일 오후 3시 30분 광자대의 빛 공급 시스템이
근원의 근원에서 땅으로 내려오신 창조근원으로 변경되었습니다.

지금까지 광자대의 빛이 먼저 생산이 되고
이 빛이 빛의 생명나무의 빛 시스템을 통하여 다시 가공된 후
빛의 생명나무 빛 공급 시스템을 통하여
광자대의 빛이 대우주에 공급되었습니다.

2022년 5월 16일 오후 3시 30분
지상으로 내려오신 창조근원의 빛 관리 시스템에 있는
빛의 생명나무 시스템에서 통합되어 생산된 광자대의 빛이
대우주에 공급되기 시작하였습니다.

2022년 5월 16일 오후 3시 30분 광자대의 빛 공급 시스템이
지구 행성으로 수도이전을 마친 창조근원의 빛 관리 시스템에서
대우주로 방출되기 시작하였음을 전합니다.

2022년 5월 16일 오후 3시 30분
지구 행성에서 방출된 광자대의 빛은
태양이 없어도 광자대의 성질을 가지고 있는 빛입니다.

새롭게 지구 행성에서 방출되기 시작한 광자대의 빛은
후천의 시대를 열기 위해
지상으로 내려오신 창조근원에 의해 창조된 빛입니다.
새롭게 지구 행성에서 방출되기 시작한 광자대의 빛은
정신문명과 물질문명을 동시에 발전시킬 수 있도록 창조된
최첨단의 빛입니다.

광자대 빛이 19차원의 유토피아가 아닌
지구 행성에서 대우주로 방출되기 시작하였음을 전합니다.
광자대의 빛이 지상으로 내려오신 창조근원의 시스템에 의해
대우주에 방출되었음을 전합니다.
광자대의 빛이 후천의 시대를 열기 위해 땅으로 내려오신
창조근원에 의해 대우주로 방출됨에 따라
지구 행성은 대우주의 중심이 되었음을 전합니다.

광자대의 빛이 후천의 시대를 열기 위해 땅으로 내려오신
창조근원에 의해 대우주로 방출됨에 따라
지구 행성은 창조주께서 직접 통치하는 물질세계의 자미원이
보이지 않는 세계에서는 시작되었음을 전합니다.

대우주의 기쁜 소식을 우데카 팀장이 전합니다.

대륙의 융기와 침몰

첨성대는 지구 행성이 탄생될 때부터
지구 행성의 모든 지각판들이 연결되어 있는 배꼽에 해당됩니다.
첨성대는 지구 행성의 모든 지각판들이 맞물려 있는 곳입니다.

지구 행성의 차원상승을 위해
지구 행성의 천지개벽을 위해
지구 행성의 지축의 정립을 위해
대륙의 융기와 대륙의 침몰을 위해
첨성대와 같은 대형 안전핀이 제거되었습니다.

지구 행성에는 대형 안전핀 3개가 있습니다.
첫번째 안전핀은 첨성대 아래에 있으며
두번째 안전핀은 지중해 크레타섬 인근에 위치해 있습니다.
세번째 안전핀은 태평양의 캄차카 반도와
알래스카 사이에 위치하고 있습니다.

지구 행성은 3개의 대형 안전핀과 2개의 중대형 안전핀과
24개의 소형 안전핀으로 구성되어 있습니다.

지구 행성의 모든 지각판들은
하늘은 거대한 시스템들에 의해 보호되고 관리되고 있었습니다.

대륙이 융기되고 대륙이 침몰하는 대형 지각 운동은
대형 안전핀과 소형 안전핀의 봉인 해제 후
이곳에 엄청난 에너지의 주입이 있어야 일어나게 될 것입니다.

지구 행성에 존재하는 소형 안전핀 24개 중 하나가
한반도 서남해안에 위치한 해남지역에 위치하고 있습니다.
하늘은 24개의 소형 안전핀을 통해
지구 행성의 지각 운동과 지진과 화산활동을 관리해 왔습니다.

하늘이 마지막 때를 위해 준비한 지축이동 프로그램을 위해
지구 행성에 있는 안전핀들이 2019년 11월 9일 오후 2시
첨성대를 시작으로 조금씩 조금씩 제거되어 왔습니다.

2022년 12월 14일 오전 4시를 시작으로
하늘이 준비한 지구 행성의 지축이동 프로그램이
물질세계에 펼쳐지기 시작하였습니다.

지구 행성의 자연변화가 물질문명의 종결을 위한 프로그램이라면
지구 행성에 새 하늘과 새 땅을 펼치기 위한
생성 프로그램 또한 동시에 시작되었습니다.

대륙의 침몰이 종결 프로그램이라면
대륙의 융기 프로그램은 생성 프로그램입니다.
대륙의 침몰만 하는 프로그램만 진행되면
그것은 행성의 멸망을 의미합니다.

대륙의 침몰과 대륙의 융기가 동시에 시작되고 있음을 전합니다.
대륙을 침몰시키기 위한 지각판들의 움직임과 동시에
새 땅을 의미하는 대륙의 융기 프로그램이 시작되었음을 전합니다.

지구 행성의 물질문명의 매트릭스들이 해체됨과 동시에
지구 행성에 새로운 물질문명의 매트릭스들이
동시에 설치되고 있습니다.

지구 행성에 설치된 다양한 어둠의 매트릭스들이 해체됨과 동시에
지구 행성에 다양한 빛의 매트릭스들이 설치되고 있습니다.

2022년 12월 14일 오전 4시
새 하늘을 뜻하는 얼음천공의 제작이 완료되었으며
지구 행성이 있는 차원간 공간에 배치 및 설치가 완료되어
가동을 앞두고 있습니다.

얼음천공의 설치는 끝났으며
얼음천공의 가동은 육신의 옷을 입은 창조근원의 육성명령에 의해
가동이 시작될 것입니다.

지구 행성이 재난의 한 가운데에서 한 치 앞도 보이지 않을 때
얼음천공은 창조주에 의해 가동을 시작할 것입니다.
이것이 대우주의 수레바퀴를 움직이는
소멸과 생성의 원리임을 전합니다.

소멸과 생성이 동시에 발생하는 것은 반물질의 특성입니다.
지구 행성의 차원상승에 많은 반물질이 사용될 것입니다.

반물질을 통한 쌍생성과 쌍소멸을 통해
지구 행성에 새 하늘과 새 땅이 펼쳐질 것입니다.

지구 행성의 차원상승 프로그램의 핵심은 지축의 정립입니다.
지구 행성의 차원상승의 시작과 함께
지구 행성에 대규모의 지각 운동이 시작되고 있습니다.

지축의 정립 이전에 초대형 지진들과 대형 지진들이 시작될 것입니다.
초대형 지진들과 함께 초대형 화산분화들이 시작될 것입니다.
초대형 지진들과 초대형 해저화산들의 분화와 함께
석고웅성(石鼓雄聲)이 시작될 것입니다.

한반도에서 시작되는 대형 지진들과 함께
대륙의 융기와 침몰이 시작될 것입니다.

바다로 침몰하는 대륙의 크기만큼
바다에서 융기하는 대륙이 생겨나게 될 것입니다.
아틀란티스 대륙과 레뮤리아 대륙이 융기할 것입니다.
6개 이상의 대륙이 바닷속에서 융기하게 될 것입니다.

지금의 해안선에 많은 변화가 있을 것입니다.
지금의 대륙들은 형태를 알아볼 수 없을 것입니다.

바다속에서 대륙이 융기되는 것을
인류들은 생생하게 목격하게 될 것입니다.

대륙이 침몰하고 대륙이 융기하는 대격변이 시작되었습니다.
새 하늘과 새 땅을 열기 위한 대격변이 시작되었습니다.

지구 행성의 리모델링이 시작되었습니다.
지구 행성에 창조주께서 머무시는 물질세계의 자미원을 만들기 위한
개벽이 시작되었습니다.

지구 행성의 대지진의 발생과 동시에
전세계적으로 재난으로부터 안전한 안전지대인
역장이 설치될 것입니다.

지구 행성의 물질문명을 종결하고 새로운 정신문명을 열기 위해
육신의 옷을 입으신 창조주께서 주관하시는
아보날의 수여가 시작되었습니다.

지구 행성의 격변 이후에
새롭게 형성된 지구 행성의 지각판들은
지금보다 훨씬 더 안정화 될 것입니다.

기록의 필요성이 있어
정리의 필요성이 있어
우데카 팀장이 이 글을 기록으로 남깁니다.

강추위가 지속되는 이유
이상한파의 원인

지구 행성에 온난화로 설명할 수 없는 강추위가
휘몰아치고 있습니다.

지구 행성의 강추위는 봄이 되어도 지속될 것입니다.
지구 행성에 닥치고 있는 강추위의 원인을 알 수 없을 것입니다.
지구 행성은 마치 빙하기가 된 것처럼 얼어붙을 것입니다.

이상 한파와 강추위로 인하여 지구 온난화로 대변되는
기후 매트릭스들이 무너져 내릴 것입니다.

이상 한파와 강추위는 기상 기록들을 모두 갈아 치울 것입니다.
이상 한파와 강추위로 인하여
영하 70도 이하로 떨어지는 곳이 있을 것입니다.

이상 한파는 적도를 지나 남태평양까지 나타나게 될 것입니다.
제트기류의 이상으로 인한 기후 재난이 시작되었습니다.

이상 한파와 강추위는 바다에도 나타나게 될 것입니다.
이상 한파와 강추위로 인하여
바다 생태계에 대변화가 있을 것입니다.

이상 한파와 강추위로 인하여 많은 물고기들의 떼죽음이
세계 곳곳에서 나타날 것입니다.

이상 한파로 인하여 많은 사람들이 죽게 될 것입니다.
이상 한파는 봄이 되어도 쉽게 물러가지 않을 것입니다.
이상 한파의 여파는 생명체의 면역력을 크게 떨어트려
인간뿐만이 아니라 동물에게까지도 영향을 주게 될 것입니다.

봄이 되었지만 추위는 계속될 것입니다.
꽃이 무더기로 피는 때 면역력의 저하와 체력저하로 인하여
참 많은 죽음들이 있을 것입니다.

지금 이 시기는 대우주가 선천의 시대를 마감하고
후천의 시대를 열기 위해 준비된 격변의 시기입니다.

행성의 주기가 변할 때는 빙하기가 도래하는 것이
우주의 에너지 법칙입니다.

대우주의 주기가 변할 때는 우주에 에너지 파동이 나타나는데
이것을 인류의 의식의 눈높이에서는 빙하기로 표현할 수 있습니다.

2022년 12월 22일 동지 때부터
대우주의 주기가 변할 때마다 나타나는 에너지 파동값이
본격적으로 지구 행성에 들어오기 시작하였습니다.

대우주의 주기가 변할 때 들어오는 에너지 파동은
행성을 리셋하는데 많이 사용되는 에너지입니다.

2022년 12월 22일 동지부터 지구 행성에는
행성을 리셋하기 위한 에너지 파동이
본격적으로 들어오기 시작하였습니다.

2022년 12월 22일 동지부터
지구 행성 가이아의 게(Ge) 에너지가 18차원의 진동수에서
19차원 창조주의 진동수로 변환되었습니다.

지구 행성은 지금 18차원 가이아의 게(Ge) 에너지가
19차원으로 전환되면서 심한 몸살을 앓고 있는 중입니다.

이 전환의 끝은 지구 행성의 지축의 정립으로 이어질 것입니다.

지구 행성의 자연 재해는 재난으로 이어질 것이며
시간이 갈수록 강도는 점점 더 강력해질 것입니다.

지구 행성에 새 하늘과 새 땅을 만들기 위한
대륙의 융기와 침몰이 시작되었습니다.

지구 행성에 새 하늘과 새 땅을 만들기 위한
대륙붕들의 붕괴와 생성이 바다에서 시작되었습니다.

시절인연이 있는 인자들은 하늘의 인연법에 따라
자신이 있어야 할 곳에 있게 될 것입니다.

시절인연이 있는 인자들에게
지금 무슨 일이 일어나고 있는지
우데카 팀장이 이 글을 전합니다.

귀 있는 자는 듣게 될 것이며
눈 있는 자는 보게 될 것입니다.

하늘에 어리광을 부리고 있는 인류에게

어린 아이가 부모에게 어리광을 부리듯
인류는 하늘에게 늘 어리광을 부리며 살고 있습니다.

하늘에 대해 감사함을 표하는 사람보단
하늘에 대해 불평과 불만을 하는 사람이 훨씬 더 많습니다.
하늘을 향해 고마움을 표하는 사람보단
하늘을 향해 원망과 분노를 가지고 사는 사람이 많습니다.

하늘에 무엇인가를 맡겨 놓은 것처럼
하늘에 자신이 부족한 것을 달라고 끊임없이 요구하고 있습니다.
하늘이 무슨 큰 잘못이라도 한 것처럼
하늘에 대해 불평과 불만을 멈추지 않고 있습니다.
하늘이 무슨 큰 죄를 지은 것도 아닌데
하늘을 향해 자신의 기도를 들어주지 않는다고
하늘이 자신의 뜻을 몰라준다고 화를 내고 있습니다.

철이 들지 않은 아이들이
부모를 향해 어리광을 부리듯이
철이 들지 않은 영혼들이
하늘을 향해 어리광을 부리고 있습니다.

철이 들지 않았던 아이도 세월이 흐르면
어른이 되고 부모가 되어 철이 들어갑니다.
철이 들기 위해 영혼의 물질 체험을 하고 있는 인류들에게
지구 행성의 역사만큼의 세월이 흘러 흘러 갔습니다.
지구 행성을 졸업할 시간이 다 되었음에도 불구하고
아직도 철부지 어린아이처럼
하늘을 향해 여전히 어리광을 부리고 있습니다.

하늘이 자신의 기도를 들어주지 않는다고
하늘을 향해 여전히 어리광을 부리고 있습니다.
하늘이 자신의 마음을 몰라준다고
하늘을 향해 여전히 골을 부리고 있습니다.
하늘이 자신의 정의를 실현시켜 주지 않는다고
하늘을 향해 삿대짓을 하고 있습니다.
하늘이 자신의 인생을 망쳤다고 하늘이 자신을 버렸다고
하늘이 자신을 도와주지 않고 외면했다고
하늘을 향한 원망과 분노로 가득 차 있습니다.

하늘이 우리 가족의 건강을 지켜주지 않았다고
하늘이 우리 가족의 행복을 빼앗아 갔다고
하늘이 우리 아빠의 사업을 지켜주지 않았다고
하늘이 내 자식을 빼앗아 갔다고
철이 없는 아이처럼
하늘을 향해 어리광을 하는 사람들이 참 많습니다.

하늘이 내 마음을 몰라준다고
하늘이 내 마음의 진심을 몰라준다고
하늘을 향한 자신의 믿음을 몰라준다고
하늘에 대해 화가 나 있는 사람들이 참 많습니다.
하늘이 이것을 들어주면 내가 하늘의 일을 하겠다고
하늘에 거래를 청하는 사람들이 참 많습니다.
하늘이 내 소원을 이루어주면 하늘에 대해 충성을 다하겠다고
하늘에 조건을 걸고 거래를 청하는 사람들이 참 많습니다.

하늘이 내 기도를 들어주기만 하면
하늘을 위해 자신의 평생을 바치겠다고
하늘에 맹세를 하는 사람들이 참 많습니다.

자신의 부모에게 빚을 청구하듯
인류들은 자신에게 부족한 것을 채워달라고
하늘을 향해 수많은 청구서들을 남발하고 있습니다.

인류가 날씨에 대해 가장 불평과 불만이 많듯
인류는 하늘에 대해 시도 때도 없이 어리광을 부리고 있습니다.

어린 영혼에서부터
어른이 된 영혼까지
심지어 물질세계를 졸업한 영혼에서부터
태극이나 무극에서 내려온 영혼들까지
하늘에 대해 끊임없이 어리광을 부리고 있습니다.

하늘의 뜻을 땅에 전하는 성직자들부터
하늘의 진리를 땅에 전하고 있는 하늘 사람들까지
하늘과 끊임없이 거래를 청하는 것을 멈추지 못하고 있습니다.

하늘의 진리를 종교 안에서 찾는 종교인들과
하늘의 진리를 종교 밖에서 찾는 영성인들과
하늘의 진리를 민족이라는 틀 속에서 찾는 민족종교인들이
하늘을 향해 끊임없이 조건부 거래를 청하고 있습니다.

하늘의 진리를 기도와 수행으로 얻으려는 사람들과
하늘의 진리를 연구와 탐구의 방법으로 얻으려는 사람들 역시
하늘을 향한 순수한 마음과
하늘에 대한 감사한 마음보다는
자신의 의식의 눈높이에서
하늘과 딜을 하려고만 하고 있습니다.

지구 행성의 물질문명을 종결하기 위해
지구 행성에서 영혼의 졸업장을 수여하기 위해
지구 행성에서 대우주를 경영하기 위해
창조주께서 이 땅에 내려왔습니다.

지구 행성에서 선천의 하늘을 종결하고
지구 행성에 후천의 하늘을 열기 위해
창조주께서 직접 통치하는 신정정치의 시대를 열기위해
창조주께서 이 땅에 내려와 업무를 시작했습니다.

언제까지 당신은 하늘을 원망만 하고 있을 것입니까?
언제까지 당신은 하늘과 거래하려는 마음을 포기할 수 있겠습니까?
언제까지 당신은 하늘의 일을 조건부로 하려고 하십니까?

언제까지 인류는 우물 안의 개구리로 하늘을 상대할 것입니까?
언제까지 인류는 자신의 입맛에 맞는 하늘만 찾고 있을 것입니까?
언제까지 자신의 눈높이에 맞는 하늘에 머물고만 있을 것입니까?

언제까지 인류는 철없는 어린아이로 머물고 있을 것입니까?
언제까지 인류는 하늘에 어리광만 부리고 있을 것입니까?

하늘은 철이 들지 않은 어린 영혼들에게는
천둥과 번개로 채찍을 들 것입니다.

하늘은 철이 들 때가 지난 어른 영혼들에게는
배고픔과 굶주림을 통해 채찍을 들 것입니다.

하늘은 철이 들지 않은 지식인과 종교인들에게는
괴질과 바이러스를 통해 채찍을 들 것입니다.

하늘은 하늘과 조건부 거래를 하려는
철이 없는 빛의 일꾼들과 하늘 사람들에게는
토끼몰이와 몽땅 털어가기를 통해
당신이 가지고 있는 모든 것을 잃어버리게 할 것입니다.

철이 없는 당신에게
철이 없는 인류에게
하늘은 천둥과 번개로 상대할 것입니다.

철이 들지 않는 당신에게
철이 들지 않는 인류에게
하늘은 친절하지 않을 것입니다.

하늘 무서운 줄 모르고 어리광을 부리는 인류에게
하늘은 점점 더 거칠어질 것입니다.
하늘 무서운 줄 모르고 하늘과 거래를 청하고 있는
철이 없는 빛의 일꾼들에게
하늘은 점점 더 친절하지 않을 것입니다.

인류의 건승을 빕니다.

천지불인의 세계라

하늘은 하늘 스스로 정한 길이 있으니
하늘은 인자하지 않구나

하늘은 하늘이 가야 하는 길이 있으니
하늘은 인자할 수 없구나

하늘의 뜻이 땅에서 펼쳐지니
하늘은 인자할 수 없음이라

하늘이 인자하지 않기에
땅은 모든 생명을 품을 수 있으며
땅은 인자하지 않기에
모든 생명을 기를 수 있음이라

하늘의 도가 땅에서 덕으로 펼쳐지니
천지불인(天地不仁)의 세계라
천지불인(天地不仁)하니 창조의 세계라

땅은 땅 스스로 정한 길이 있으니
땅은 모두에게 인자할 수 없음이라

땅은 땅이 가야 하는 길이 있으니
땅은 모두에게 인자할 수 없음이라

땅은 하늘의 뜻을 품고 있으니
땅은 인자하지 않구나

땅은 사사로움 없이 모든 생명을 품고 있으니
땅은 인자할 수 없구나

땅은 사사로움 없이 모든 생명을 기르고 있으니
땅은 인자할 수 없음이라

하늘과 땅은 함께 생명을 품고 생명을 기르고 있으니
천지불인(天地不仁)의 세계라

성인불인(聖人不仁)하니
생명의 세계라

천지불인(天地不仁)하니
들숨과 날숨의 세계가 펼쳐져 있구나

천지불인(天地不仁)하니
생명의 순환이 이루어지고 있구나

천지불인(天地不仁)하니
자연이 신의 옷을 입고 있구나

천지불인(天地不仁)하니
삼라만상(森羅萬象)이 천태만상(千態萬象)이로구나

천지불인(天地不仁)하니
카르마의 세계가 펼쳐졌구나

천지불인(天地不仁)하니
윤회의 세계가 펼쳐졌구나

천지불인(天地不仁)하니
불성무물(不誠無物)의 세계로구나

성인불인(聖人不仁)하니
자강불식(自强不息)의 세계로구나

천지불인(天地不仁)하며 성인불인(聖人不仁)하니
티끌 속에 시방세계(十方世界)로구나

천지불인(天地不仁)하여 성인불인(聖人不仁)하니
진흙 속에 사바세계(娑婆世界)로구나

천지불인(天地不仁)하며 성인불인(聖人不仁)하니
끝도 시작도 없는 세계로구나

천지불인(天地不仁)하며 성인불인(聖人不仁)하니
우주는 파워게임이로구나

천지불인(天地不仁)하며 성인불인(聖人不仁)하니
대우주가 순행하는구나

천지불인(天地不仁)하며 성인불인(聖人不仁)하니
대우주의 수레바퀴가 돌고 있구나

천지불인(天地不仁)하며 성인불인(聖人不仁)하니
하늘과 땅 사이에 사랑밖에 더 있더냐

천지불인(天地不仁)하며 성인불인(聖人不仁)하니
대우주에 사랑밖에 더 있더냐

제5부

하늘이 하늘다운 이유

하늘은 누구만을 위해 존재하지 않습니다.

하늘은 누구의 하늘이 아닌 우리 모두의 하늘이며

하늘 스스로 정한 그 길을 가고 있을 뿐입니다.

우리 모두는 하늘 스스로 정한 그 길에

우리의 영혼이 초대되어 참여하면서

하늘과 함께 동행하고 있을 뿐입니다.

하늘이 하늘다운 이유 ❶
하늘의 도를 구하고 있는 사람들에게

하늘이 있기에 땅이 있습니다.
하늘에 도가 있기에 땅에 덕이 있습니다.
하늘에 빛이 있기에 땅에 그림자가 있습니다.
하늘의 마음이 있기에
땅에 사람의 마음이 있습니다.

하늘은 눈에 보이지 않기에
눈에 보이는 것들의 기원이 됩니다.
하늘은 눈에 보이지 않기에
눈에 보이는 것들의 아비와 어미가 됩니다.
하늘은 눈에 보이지 않기에
눈에 보이는 세계를 관리하고 통제할 수 있습니다.

하늘은 빛의 세계입니다.
하늘은 모든 빛의 근원입니다.
모든 빛이 한곳에 모이면 흰빛이 됩니다.
모든 빛은 흰빛에서 시작되었습니다.
흰빛은 순결의 빛입니다.
흰빛은 소박한 빛입니다.
흰빛은 창조주의 빛입니다.

땅은 색의 세계입니다.
땅의 색의 전시장입니다.
땅은 색의 만찬장입니다.
모든 색이 한곳에 모이면 회색(검은색)이 됩니다.
색은 빛을 담은 하늘의 깃발입니다.
색은 빛이 들어있는 하늘의 그릇입니다.
색은 하늘의 마음을 담은 사람의 마음입니다.

빛이 있기에 색이 있습니다.
빛이 있기에 생명이 색의 옷을 입고 있습니다.
빛이 있기에 자연은 생명의 옷을 입고 있습니다.
빛이 있기에 자연은 신의 옷을 입을 수 있습니다.
하늘은 빛이기에 자신을 드러낼 이유가 없습니다.
하늘은 빛이기에 하늘의 마음은 순결합니다.
하늘은 빛이기에
땅에 있는 모든 것을 담을 수 있어야 하기에
하늘은 투박한 그릇이라 하였습니다.

하늘은 가장 높은 곳에 있으면서
땅에 있는 모든 것을 품어야 하기에
하늘의 그릇은 투박합니다.
하늘은 가장 낮은 곳에 있으면서
땅의 아픔과 고통을 모두 품어야 하기에
하늘은 소박합니다.

하늘은 가장 높은 곳에 있으면서
아비의 마음으로 생명의 씨앗을 뿌려야 하기에
하늘의 도는 투박합니다.
땅은 가장 낮은 곳에 있으면서
어미의 마음으로 생명을 길러야 하기에
땅의 도는 소박합니다.

하늘의 도는 투박하며
땅의 도는 소박함이라.

하늘의 도는 투박하여
아무도 알아보는 자 없으며
땅의 도는 너무나 소박하여
아무도 귀하게 여기는 자가 없구나

하늘의 도는 너무나 투박하여
찾고 싶어도 찾을 수 없었으며
찾는 자는 많아도
아무도 알아보는 자가 없구나

땅의 도는 너무나 소박하여
곁에 있어도 눈에 띄지 않으며
옆에 두고도 눈치채지 못했으며
찾는 자는 많아도
아무도 알아주는 자가 없구나

하늘의 투박한 도와
땅의 소박한 도는
하늘의 참모습이라

하늘의 투박한 도와
땅의 소박한 도는
하늘이 하늘다운 이유이며
하늘이 존재하는 이유이며
하늘이 일하는 방식입니다.

하늘의 투박한 도와
땅의 소박한 도를 통해
하늘은 하늘답게
하늘 스스로 정한 그 길을 가고 있음이라

하늘의 투박한 도와
땅의 소박한 도를
알아볼 수 있는 인자들에게
하늘의 뜻이 함께함이라

하늘의 도와 땅의 덕이 있기에
하늘은 길고 땅은 오래갑니다.
하늘의 도와 땅의 덕이 있기에
하늘의 뜻이 땅에서도 이루어질 것입니다.

하늘이 땅이 되고
땅이 하늘이 되어 펼쳐지는
지천태운(地天太運)의 새날을 열기 위해
창조주께서 친히 지상으로 내려오셨습니다.

새로운 하늘의 도와 새로운 땅의 덕을 펼치기 위해
창조주께서 직접 육신의 옷을 입고
지상으로 내려오셨습니다.

새로운 하늘의 도를 땅에서 펼치기 위해 준비된 빛의 일꾼들이여
새로운 땅의 덕을 땅에서 펼치기 위해 준비된 하늘 사람들이여
그대들의 시간이 도래하였노라
그대들의 그때가 시작되었음이라
그대들의 건승을 빕니다.

하늘이 하늘다운 이유 ❷
하늘에 복을 구하는 사람들에게

인류의 의식 수준에서 좋은 하늘은

나의 기도를 잘 들어주는 하늘입니다.

인류의 의식 수준에서 참 좋은 하늘은

나를 괴롭히는 사람을 벌을 주는 하늘입니다.

인류의 의식 수준에서 진짜 하늘은

우리 가족의 건강을 지켜주며 나에게 복을 주는 하늘입니다.

인류의 입맛에 딱 맞는 하늘은

죽어서 간다고 믿는 천당을 확실하게 보장해주는 하늘입니다.

인류의 입맛에 딱 맞는 하늘은

기도빨이 좋은 곳을 찾아가서 기도를 하거나

명당 자리를 찾아 수행을 하면

도통과 함께 신통력을 아낌없이 내려주는 하늘입니다.

인류의 입맛에 딱 맞는 하늘은

착한 사람에게는 상을 주고

나쁜 사람에게는 벌을 주는 하늘입니다.

인류의 입맛에 딱 맞는 하늘은

나의 죄를 언제든지 용서해주는 하늘입니다.

인류의 입맛에 딱 맞는 하늘은

내가 부족한 것을 채워주는 하늘입니다.

인류의 입맛에 딱 맞는 하늘은
하늘에 제사를 잘 지내고
하늘을 잘 믿고 하늘을 잘 섬기면 복을 주는 하늘입니다.
인류의 입맛에 딱 맞는 하늘은
무조건 나를 이해해주고 도와주는 하늘입니다.
인류의 입맛에 딱 맞는 하늘은
일본과 한국이 축구 경기를 할 때
한국을 이기게 하는 하늘이 진짜 좋은 하늘입니다.

인류의 입맛에 딱 맞는 하늘은
지진이나 태풍 같은 자연재해를 일으키지 않는 하늘입니다.
인류의 입맛에 딱 맞는 하늘은
때에 맞는 비를 내려주시고 알맞은 햇빛을 비추어 주어
풍년이 들어 먹고 살 수 있게 해주는 하늘입니다.
인류의 입맛에 딱 맞는 하늘은
내가 구하기도 전에 내가 요청하기도 전에
하늘이 다 알아서 복을 주는 하늘이 참 좋은 하늘입니다.

인간이 생각하는 그런 하늘은 하늘에는 없습니다.
인간의 기도를 들어주고
인간에게 복을 주기 위해
24시간 항시 대기하고 있는 그런 하늘은 없습니다.
나쁜 사람을 벌을 주고 나쁜 나라를 벌을 주고
축구 경기 때 한국편을 들어주는
그런 하늘은 우주 어디에도 없습니다.

인간은 안되는 줄 알면서도 하늘에 기도를 합니다.

인간은 안되는 줄 알면서도 하늘에 복을 구합니다.

인간은 안되는 줄 알면서도 하늘이 내 편이기를 바랍니다.

인간은 안되는 줄 알면서도

하늘이 나만을 특별히 사랑해주기를 바랍니다.

인간은 안되는 줄 알면서도 하늘에 당첨될 로또번호를 요구합니다.

인간은 안되는 줄 알면서도

자신의 정적이나 나에게 피해를 주는 나쁜 사람들이

꼭 하늘의 벌을 받게 해달라고 기도를 합니다.

인간은 안되는 줄 알면서도

특별한 행운이 나에게만 연속해서 찾아오기를 바라며

하늘에 기도를 합니다.

하늘은 하늘 스스로 정한 그 길을 가고 있을 뿐입니다.

하늘은 누구에게나 절대 공평무사한 그 길을 가고 있을 뿐입니다.

인간은 하늘에 1/n 만큼의 지분을 가지고 있을 뿐입니다.

부자나 가난한 사람이나 모두 하늘에 1/n의 지분이 있을 뿐입니다.

여성이나 남성이나 모두 하늘에 1/n만큼의 지분이 있을 뿐입니다.

왕이나 백성이나 하늘에서는 모두 1/n만큼 지분이 있을 뿐입니다.

목사님이나 스님이나 똑같이 모두 1/n만큼 지분이 있을 뿐입니다.

생명체들 역시 하늘에 1/n의 지분을 가지고 있을 뿐입니다.

삼라만상의 만물들 역시 하늘에 1/n의 지분이 있을 뿐입니다.

하늘에서 온 모든 것들은 특별하지 않습니다.

하늘에서 온 모든 것들은 하늘의 지분을 가지고 있습니다

하늘에서 온 모든 것들은 하늘의 마음을 가지고 있습니다.

하늘에서 온 모든 것들은 창조주의 신성을 가지고 있습니다.

하늘에서 온 모든 것들은 창조주의 자녀들입니다.

하늘에서 온 모든 것들은 창조주 앞에 평등합니다.

하늘에서 온 모든 것들은 하늘 앞에 평등합니다.

하늘에서 온 모든 것들은 창조주의 신성을 드러내고 있습니다.

하늘에서 온 모든 것들은 생명을 통해

창조주의 신성을 드러내고 있습니다.

하늘에서 온 식물들은 자연의 순환 속에서

생명체의 향락에 참여하고 있습니다.

하늘에서 온 식물들은 생명의 순환 속에서

대우주에 질좋은 서비스를 제공하고 있습니다.

하늘에서 온 동물들은 자신들에게 부여된 생명의 순환속에서

대우주에 질좋은 서비스를 제공하고 있습니다.

하늘에서 온 인간은 자신들에게 부여된 생명체의 외투를 입고

영혼의 물질 체험을 하고 있습니다.

하늘에서 온 인간은 자신들에게 부여된 의식과 감정을 통해

만물의 영장으로 살면서

대우주에 질좋은 서비스를 제공하고 있습니다.

하늘은 대우주에 질좋은 서비스를 제공하는 주체입니다.
하늘은 대우주에 생명의 순환을 통해
영혼들이 영혼의 물질 체험을 할 수 있는 물질적 토대를
설치해주는 주체입니다.
하늘은 대우주에 의식이 있는 생명체들이
다양한 영혼의 물질 체험을 할 수 있도록
연극 무대를 설치하고
연극 무대에서 펼쳐질 시나리오를 작성해주는 주체입니다.

누구를 위한 하늘은 존재하지 않습니다.
인간만을 위한 하늘은 존재하지 않습니다.
누구만을 위한 하늘은 존재하지 않습니다.
그렇게 생각하는 당신의 의식이 거기에 있을 뿐입니다.
누구 때문에 존재하는 그런 하늘은 존재하지 않습니다.
그렇게 생각하는 당신의 의식이 거기에 머물고 있을 뿐입니다.

하늘의 지분을 가지고 땅에서 살고 있는 생명체들에게
하늘은 모두의 하늘로 존재하고 있을 뿐입니다.
하늘의 지분을 가지고 땅에서 살고 있는 인간에게도
하늘은 모두의 하늘로 존재하고 있을 뿐입니다.
자신만이 특별하다는 의식이 거기에 있을 뿐입니다.
하늘의 지분을 가지고 땅에서 살고 있는 어떤 사람도
하늘의 입장에서 특별한 사람은 없습니다.
그렇게 생각하는 당신의 의식이 거기에 머물고 있을 뿐입니다.

하늘은 대우주에 다양한 생명체를 공급하는 주체입니다.

하늘은 대우주에 다양한 생명체의 외투를 공급하는 주체입니다.

하늘은 대우주에 다양한 인간을 창조하여 공급하는 주체입니다.

하늘은 대우주에 질좋은 서비스를 공급하는 주체입니다.

하늘은 대우주를 운영하고 관리하고 있는 주체입니다.

이것이 하늘이 일하는 방식이며

이것이 하늘이 존재하는 이유이며

이것이 하늘 스스로 정한 그 길이며

이것이 하늘이 하늘다운 이유입니다.

인류의 건승을 빕니다.

하늘이 하늘다운 이유 ❸
하늘과의 신성한 약속

하늘은 인간의 굳은 맹세를 믿지 않습니다.
하늘은 단지 지켜볼 뿐입니다.
하늘은 인간의 굳은 사랑의 맹세를 믿지 않습니다.

하늘은 단지 지켜볼 뿐입니다.
하늘은 인간의 굳은 사랑의 약속을 믿지 않습니다.
하늘은 단지 지켜보기만 할 뿐입니다.

하늘은 인간이 인간에게 한 약속을 믿지 않습니다.
하늘은 판단하지 않은 채 지켜보기만 할 뿐입니다.
하늘은 인간이 하늘에게 한 약속을 믿지 않습니다.
하늘은 단지 그 마음을 지켜보기만 할 뿐입니다.

하늘은 여성의 눈물을 믿지 않습니다.
하늘은 판단속에 머물지 않기에 그저 지켜볼 뿐입니다.
하늘은 남성의 의리를 믿지 않습니다.
하늘은 판단속에 머물지 않기에 그저 관찰할 뿐입니다.

하늘은 인간의 기도를 잘 믿지 않습니다.
하늘은 판단속에 머물지 않기에 그저 들어주기만 할 뿐입니다.
하늘은 인간의 기도를 잘 들어주지 못합니다.

누구를 위한 하늘도
누구만을 위해 존재하는 하늘이 아니기 때문입니다.

하늘은 복을 구하는 인간의 마음을 잘 알기에
하늘은 가슴을 닫은 채
일어날 일은 그래도 일어나게 하고
일어나지 않을 일은 그래도 일어나지 않게 합니다.

하늘은 행운을 바라는 인간의 마음을 잘 알기에
하늘은 가슴을 닫은 채
일어날 일은 반드시 일어나게 하고
일어나지 않기로 예정된 일은 반드시 일어나지 않게 합니다.

하늘은 행복을 바라는 인간의 마음을 잘 알기에
하늘은 가슴을 닫은 채
아무도 모르게 아무도 모르게
일어날 일은 우연을 가장하여 일어나게 하고
일어나지 않을 일은 우연을 가장하여 일어나지 않게 합니다.

하늘은 하늘에서 영혼들 사이의 약속을 알고 있습니다.
하늘은 당신의 영혼이 하늘에서 약속한 내용을 알고 있습니다.

남자와 여자가 만나 서로 사랑의 감정을 느낄 때
두 사람이 만나 사랑을 나누기로
하늘에서 약속한 연인이라면

그들이 기도를 하기 전에
그들이 요청하기도 전에
아무도 모르게 가슴 차크라를 돌려주고
아무도 모르게 큐피드 화살을 쏴주면서
하늘에서 약속한 내용이 땅에서 이루어지도록 합니다.

남자와 여자가 만나 서로 사랑의 감정을 느낄 때
두 사람이 만나서는 안 될 인연이거나
두 사람 사이에 하늘에서 계획한 프로그램이 없다면
그들이 아무리 간절히 기도를 하고
그들이 아무리 사랑하는 사이일지라도
아무도 모르게 가슴 차크라를 잠궈 버립니다.
아무도 모르게 의식선과 감정선에 부정적인 에너지를 심어놓아
시간이 흐를수록 호감이 없어지도록 합니다.

하늘은 하늘에서의 약속을 집행하기 위해 존재합니다.
하늘은 영혼들과 한 약속을 집행하는 집행기관입니다.
하늘은 영혼들의 윤회 프로그램을 집행하는 행정기관입니다.
하늘은 영혼들과 하늘 사이에 약속을 집행하는 행정기관입니다.

하늘에서의 약속이
땅에서 한 치의 오차없이 펼쳐지는 것이 순리입니다.
하늘에서의 약속이
땅에서 한 치의 오차없이 집행되도록 하는 것이
하늘이 존재하는 이유입니다.

하늘에서 작성한 윤회 프로그램대로
땅에서 펼쳐질 수 있도록 하늘의 공무원들인 천사들이
최선을 다해 봉사하고 있습니다.
하늘에서 기획한 인생의 프로그램대로
땅에서 이루어질 수 있도록 아무도 모르게
하늘이 인간의 삶 속에 깊숙이 개입하여 활동하고 있습니다.

당신이 기도하지 않아도
당신이 요청하지 않아도
당신에게 일어날 일은 반드시 일어나게 됩니다.
당신이 아무리 기도를 해도
당신이 수행을 한다고 해도
당신에게 일어나지 않을 일은
어떠한 경우에도 일어나지 않도록 천사들이 움직이고 있으며
그 뒤에는 하늘이 움직이고 있음을 기억하시기 바랍니다.

하늘의 약속은 신성합니다.
하늘에서의 당신 영혼과 하늘 사이의 약속에는
당신이 지금 이 땅에 존재해야 하는 이유를 담고 있습니다.

하늘이 하늘다운 이유는
당신은 그 약속을 잊어버리고 길을 잃었지만
하늘은 그 약속을 잊은 적이 없으며
하늘에서의 약속이 땅에서 이루어질 수 있도록
최선을 다하고 있기 때문입니다.

하늘이 하늘다운 이유는
당신은 그 약속이 기억이 나지 않지만
하늘은 당신의 영혼과 하늘 사이의 약속을
한번도 잊은 적이 없으며 그 약속을 지키기 위해
늘 최선을 다하고 있기 때문입니다.

이것이 하늘이 인간의 맹세를 믿지 않는 이유이며
이것이 하늘이 인간의 기도를 믿지 않는 이유이며
이것이 하늘이 여성의 눈물과 남성의 의리를 믿지 않고
판단하지 않고 지켜보기만 하는 이유입니다.
이것이 하늘이 가슴을 닫는 이유이며
이것이 하늘이 가슴을 여는 이유입니다.

하늘이 지켜만 보다가 하늘이 관찰만 하다가
당신이 하늘과 한 약속을 크게 벗어날 때
당신의 삶에 우연을 가장하여 개입하게 됩니다.
당신의 삶이 하늘에서 예정한 대로
당신의 삶이 하늘에서 프로그램한 대로
당신을 친절하게 안내하기 위해 천사들이
24시간 항시 대기하고 있음을 전합니다.

하늘이 하늘다운 이유는
당신은 그때 그날의 약속을 잊었지만
하늘은 한번도 당신 영혼과의 약속을 잊은 적이 없기에
하늘은 하늘 스스로 정한 그 길을 가고 있기 때문입니다.

하늘이 하늘다운 이유는
하늘의 약속은 신성하기에
인간의 삶 속에는 하늘의 흔적이 묻어 있습니다.

하늘과 동행하지 않는 인간의 삶은 존재할 수 없습니다.
하늘에서의 약속이 있기에
하늘은 하늘 스스로 정한 그 길을 갈 수 있습니다.
하늘이 하늘다운 이유는
당신이 삶 속에 하늘의 신성한 약속이 집행되고 있기 때문입니다.

인류의 의식 수준에서
하늘의 약속이 얼마나 신성하고 고독한 것인지를
알 자가 누가 있겠는가

그대들은 아는가
하늘과 영혼들 사이에 이루어진
하늘에서의 신성한 약속이 있기에
당신이 지금 여기에 있을 수 있다는 것을

그대들은 아는가
하늘에서의 신성한 약속을 땅에서 펼치기 위해
하늘이 땅으로 내려왔음을

인류의 건승을 빕니다.

하늘의 실체

인간은 최고의 의식을 구현할 수 있는 생명체입니다.
최고의 의식을 구현할 수 있는 인간을
하늘이 온전하게 통제할 수 있기에
하늘은 하늘다울 수 있는 것입니다.

인간은 다양한 감정을 구현할 수 있는 생명체입니다.
다양한 감정을 구현할 수 있는 인간의 감정을
하늘이 온전하게 통제할 수 있기에
하늘은 하늘다울 수 있는 것입니다.

인간은 만물의 영장입니다.
인간은 상상할 수 있는 모든 것을 다 할 수 있는 존재입니다.
인간은 상상할 수 있는 모든 것을 할 수 있는 존재이기에
그런 인간의 모든 것을 완전하게 통제하고 관리할 수 있어야
하늘이 하늘다울 수 있는 것입니다.

하늘은 인간 세상에서 일어날 수 있는
모든 것을 예측할 수 있으며 관리할 수 있으며 통제할 수 있습니다.
하늘은 인간의 모든 의식과 감정을 관리하며 통제할 수 있으며
이것을 할 수 있기에
하늘이 하늘다울 수 있는 이유입니다.

하늘은 인간의 의식과 감정 모두를 관리하고 통제할 수 있는
거대한 시스템을 운영 중에 있습니다.
하늘의 거대한 시스템은 우주 함선에 존재합니다.

우주 함선에 있는 행성을 관리하는 시스템이
하늘의 실체입니다.

인간의 눈에는 보이지 않는 거대한 함선들에 의해서
행성들은 관리되고 운영되고 있습니다.
인간의 과학기술로는 접근할 수 없는 거대한 함선들에 의해
태양들은 관리되고 운영되고 있습니다.

우주 함선에는 행성 시스템을 운영중인 천사들이 있습니다.
우주 함선에 있는 행성의 운영 시스템과
인간의 몸에 들어와 있는 천사들이 서로 정보를 주고 받으며
인간의 삶에 하늘은 늘 개입하고 있습니다.

우주 함선에 있는 모나노 시스템에는
인간의 모든 삶의 프로그램들이 입력되어 있습니다.
우주 함선에 있는 모나노 시스템 안에 프로그램된 내용대로
인간의 삶이 진행되도록 천사들이 인간의 몸에 들어와서
인간의 감정과 의식에 개입하게 됩니다.

하늘에서 계획한 일만이 일어날 수 있도록 하는 것이
하늘이 존재하는 이유입니다.

하늘에서 프로그램된 내용대로
하늘에서 계획한 프로그램의 범위 내에서
인간의 자유의지를 보장하는 것이
하늘이 존재하는 이유입니다.

나보다 착하지 않은 사람이 더 잘 사는 이유가
하늘의 시스템에 입력된 프로그램이 다르기 때문입니다.
나보다 예쁘지 않은 사람이 시집을 잘 가는 이유 역시
하늘의 시스템에 저장된 프로그램 내용이
서로 다르기 때문입니다.

하늘은 거대한 의식을 가진 시스템입니다.
하늘의 거대한 시스템을 운영하는 관리자들을
차원 관리자들이라고 합니다.
하늘의 거대한 시스템을 실제적으로 운영하고 있으며
하늘의 행정직 공무원에 해당하는 존재들을
에너지체 또는 천사들이라고 합니다.
인간의 몸에 들어와 인간과 동행하면서
인간의 몸에 있는 무형의 시스템들을 관리하고
하늘에 있는 시스템과 연결을 시켜주고 있는 천사들은
하늘의 기능직 공무원에 해당됩니다.

식물에 배치되어 식물에 존재하는 시스템들을 관리하고
식물들의 생명력을 높여주는 역할을 하는 에너지체들을
요정 또는 정령이라고 합니다.

동물에 배치되어 동물에 존재하는 시스템들을 관리하고
동물들의 의식과 감정선을
관리하는 역할을 하고 있는 에너지체들을 천사라고 합니다.

하늘은 차원 관리자들이 운영하는 행성의 생명유지 시스템과
행성의 모나노 시스템들에 의해 운영되고 있습니다.
5차원의 차원 관리자들인 행성 영단 관리자들에 의해
행성의 진화 프로그램이 짜여지며
행성의 진화 로드맵에 의해
행성에서 영혼의 물질 체험들이 이루어지고 있는 것입니다.

하늘은 1차원부터 19차원으로 구성되어 있습니다.
1차원에서부터 19차원을 관리하는 하늘의 시스템이 있습니다.
1차원에서부터 19차원까지 각각의 차원을 관리하는
차원 관리자들에 의해 대우주는 운영되고 있습니다.

하늘은 시스템에 의해 운영되고 있습니다.
하늘은 행성의 생명유지 시스템을 통해
생명체들을 관리하고 있습니다.
하늘은 시스템을 통해 영혼들의 물질 체험을 관리하고 있습니다.

하늘은 메타 휴머노이드 의식구현 시스템을 통하여
인간의 감정과 의식을 관리하고 통제하고 있습니다.
하늘은 모나노 시스템이라는 사회관계망 프로그램을 통하여
인간의 사회생활을 관리하고 통제하고 있습니다.

하늘은 판드로닉스라는 거대한 시스템을 통하여
항성계들에 속해 있는
다양한 행성들을 관리하고 통제하고 있습니다.
하늘은 은하를 관리하는 시스템으로
은하를 관리하고 운영하고 있습니다.

인류가 생각하는 그런 하늘은 존재하지 않습니다.
하늘은 당신의 기도를 들어주기 위해 존재하지 않습니다.
하늘은 당신의 가족의 행복을 위해 존재하지 않습니다.
하늘은 당신의 기도를 들어주기 위해 존재하지 않습니다.

하늘은 스스로 정한 그 길을 갑니다.
하늘은 거대한 의식을 가진 시스템입니다.
하늘은 창조주의 의식 안에서 시스템으로 운영됩니다.

하늘은 누구만의 하늘이 될 수 없습니다.
하늘은 의식이 있는 하나의 시스템이기 때문입니다.
그 시스템 속에
당신과 내가 존재하고 있는 것입니다.

하늘은 우리 모두의 하늘입니다.
하늘은 의식이 있는 하나의 시스템이기 때문입니다.
그 시스템 속에서
나와 당신의 의식이 뛰어놀고 있을 뿐입니다.

하늘은 창조주의 의식을 말합니다.
나와 당신은 창조주의 의식 안에서
영혼의 물질 체험을 통해
지금 마음껏 뛰어놀고 있을 뿐입니다.

이것이 하늘의 마음입니다.
이것이 하늘의 실체입니다.
이것이 하늘이 존재하는 이유입니다.
이것이 하늘에 대한 불편한 진실입니다.
이것이 하늘이 하늘다운 이유입니다.

하늘이 하늘다운 이유 ❺
하늘이 일하는 방식

창조주는 모든 빛의 근원입니다.
우주는 창조주의 빛으로 창조되었으며
우주는 창조주의 빛으로 운영되고 있습니다.

창조주는 모든 빛의 기원입니다.
창조주의 빛으로 영은 창조되었습니다.
창조주의 빛으로 혼은 탄생되었습니다.
창조주의 빛으로 백은 탄생되었습니다.
생명을 구성하는 영혼백 에너지는
창조주의 빛으로 창조되었습니다.

창조주의 의식으로부터
빛이 탄생하였습니다.
빛은 의식을 가지고 있습니다.
의식을 가진 빛은 정보와 메시지를 가지고 있습니다.

하늘은 빛의 세계입니다.
빛의 진동수의 차이가 우주의 차원을 결정합니다.
하늘은 빛의 세계입니다.
빛을 다루는 우주 공학기술이 우주의 차원을 결정합니다.

하늘은 빛의 세계입니다.

빛은 모든 물질의 근원입니다.

빛은 모든 생명의 근원입니다.

빛은 모든 에너지의 근원입니다.

하늘은 빛으로 일합니다.

하늘은 빛을 재료로 하여 공의 세계에서 물질을 창조합니다.

하늘은 빛을 소재로 하여 공의 세계에서 생명을 창조합니다.

하늘은 빛을 원료로 하여 공의 세계에서 에너지를 창조합니다.

하늘은 빛으로 일합니다.

하늘은 빛을 재료로 하여 기의 세계에서 물질을 창조합니다.

하늘은 빛을 소재로 하여 기의 세계에서 생명을 창조합니다.

하늘은 빛을 원료로 하여 기의 세계에서 에너지를 창조합니다.

하늘은 빛으로 일합니다.

하늘은 빛을 재료로 하여 색의 세계에서 물질을 탄생시킵니다.

하늘은 빛을 소재로 하여 색의 세계에서 생명을 탄생시킵니다.

하늘은 빛을 원료로 하여 색의 세계에서 에너지를 탄생시킵니다.

하늘은 빛으로 일합니다.

하늘은 공 기 색의 차원간 공간을 통하여 물질을 탄생시킵니다.

하늘은 공 기 색의 차원간 공간을 통하여 생명을 탄생시킵니다.

하늘은 공 기 색의 차원간 공간을 통하여 에너지를 탄생시킵니다.

하늘은 에너지장을 통해 일합니다.
하늘은 카르마 에너지장을 통해 일합니다.
하늘은 봉인의 에너지장을 통해 일합니다.

하늘은 봉인과 카르마 에너지장을 통해 인간의 성격을 조물합니다.
하늘은 에너지장을 통해 인간의 감정과 의식을 통제합니다.
하늘은 에너지장을 통해 인간을 자연재해로부터 보호합니다.
하늘은 에너지장을 통해 인간을 교통사고로부터 보호합니다.
하늘은 에너지장을 통해 인간을 사건 사고로부터 보호합니다.

하늘은 에너지장을 통해 바이러스로부터 보호합니다.
하늘은 에너지장을 통해 유해 물질로부터 보호합니다.
하늘은 에너지장을 통해 신비한 현상을 만들어냅니다.
하늘은 에너지장을 통해 질병의 치유가 이루어집니다.
하늘은 에너지장을 통해 이적과 기적을 만듭니다.

하늘은 에너지장을 설치하여 척신난동을 일으킵니다.
하늘은 에너지장을 설치하여 귀신들린 사람을 만듭니다.
하늘은 에너지장을 설치하여 생명체에 대한 천살을 집행합니다.
하늘은 에너지장을 설치하여 생명체에 대한 지살을 집행합니다.
하늘은 에너지장을 설치하여 생명체에 대한 인살을 집행합니다.

하늘은 에너지장을 설치하여 산 사람과 죽은 사람을 구분합니다.
하늘은 에너지장을 설치하여 살 사람과 죽을 사람을 구분합니다.
하늘은 에너지장을 설치하여 의식이 깨어날 사람을 깨웁니다.

하늘은 에너지장을 설치하여 의식이 깨어나지 못하게 합니다.

하늘은 에너지장을 설치하여 인(印) 맞은 자를 보호합니다.
하늘은 에너지장을 설치하여 빛의 일꾼들을 보호합니다.
하늘은 에너지장을 설치하여 하늘 사람들을 보호합니다.
하늘은 에너지장을 설치하여 살 사람들을 보호합니다.

하늘은 세상의 방식으로 일하지 않습니다.
하늘은 빛으로 일합니다.
빛은 빛마당을 형성합니다.
빛은 의식을 형성합니다.
빛은 정보를 전달합니다.
빛은 프로그램을 가지고 있습니다.

하늘은 오직 빛으로만 일합니다.
물질 세상에서 시간이 지나도 변하지 않는 것은
하늘의 빛이기 때문입니다.

하늘의 빛은 물질 세상에 영향을 받지 않기에
하늘은 물질 세상을
하늘의 빛으로 관리할 수 있는 것입니다.
이것이 하늘이 하늘다운 이유입니다.

하늘은 아무도 모르게 아무도 모르게
하늘이 일하는 방식으로 일하고 있습니다.

하늘이 일하는 방식은 빛의 방식입니다.
빛의 방식은 사랑의 방식입니다.

빛의 방식은 창조주의 사랑입니다.
빛의 근원은 창조주의 의식입니다.
사랑의 근원 역시 창조주의 의식입니다.
대우주는 창조주의 의식 안에서
대우주의 수레바퀴는 오늘도 돌고 있습니다.
이것이 하늘이 하늘다운 이유입니다.

우리 모두의 하늘

인간은 나만을 특별하게 사랑해주는 하늘을 원하지만
진짜 하늘은 우리 모두를 공평하게 사랑해주는 하늘입니다.

인간은 자신의 기도를 잘 들어주는 하늘을 찾고 있지만
진짜 하늘은
기도를 하지 않아도 일어날 일은 일어나게 하고
일어나지 않을 일들은 일어나지 않게 하는 것이
진짜 하늘입니다.

인간은 나의 소원을 잘 들어주는 하늘을 원하지만
진짜 하늘은
대우주를 운영하고 있는 공리의 법칙에 따라
일하고 있는 하늘입니다.

인간은 특별히 우리 민족이나 우리 부족을
특별하게 사랑해주는 하늘을 원하지만
진짜 하늘은 절대 공평무사한 하늘입니다.

인간은 나의 죄를 용서해주고
나의 허물을 이해해주는 하늘을 원하지만
진짜 하늘은 사사로움이 없기에

천지불인과 성인불인의 마음으로
의식이 있는 생명체를 대하고 있을 뿐입니다.

내가 찾고 있는 하늘과는 아무 상관없이
하늘은 우리 모두의 하늘이어야 합니다.

내가 믿고 있는 하늘과는 아무 상관없이
하늘은 우리 모두의 하늘이어야 합니다.

내가 그렇게 믿고 싶어 하는 하늘이 아닌
하늘은 우리 모두의 하늘이어야 합니다.

내가 그렇게 희망하고 바라는 하늘이 아닌
하늘은 우리 모두의 하늘이어야 합니다.

나만을 특별히 사랑해주는 그런 하늘은 이 우주에 없습니다.
그렇게 알고 있으며
그렇게 믿고 있으며
그렇게 믿고 싶어 하는 당신이 의식이
거기에 머물고 있을 뿐입니다.

내 기도를 특별하게 잘 들어 주는 그런 하늘은 없습니다.
그렇게 믿고 싶어 하고
그렇게 믿고 기도하는 당신의 마음이
그렇게 작동하고 있을 뿐입니다.

우리 민족을 우리 부족을 특별하게 사랑하는 그런 하늘은
이 우주에 존재하지 않습니다.
그렇게 알고 있으며
그렇게 믿고 있으며
그렇게 생각하고 있는 당신들의 집단 무의식이
그렇게 작용하고 있을 뿐입니다.

시간이 누구에게나 공평하게 주어지듯이
하늘은 누구에게나 공평합니다.

하늘이 특별하게 사랑하는 영혼은 없습니다.
그렇게 알고 있으며
그렇게 믿고 있으며
그렇게 믿고 싶어 하는 인간의 마음이
거기에 머물고 있을 뿐입니다.

하늘이 특별하게 사랑하는 민족은 없습니다.
그렇게 알고 있으며
그렇게 믿고 있으며
그렇게 믿고 싶어 하는 인간의 의식이
아직까지 작용하고 있을 뿐입니다.

하늘이 특별하게 미워하는 영혼은 없습니다.
그렇게 생각하고
그렇게 믿고 싶어 하는 인간의 마음이

그렇게 작용하고 있을 뿐입니다.

하늘이 특별하게 싫어하는 민족 또한 없습니다.
그렇게 알고 있으며
그렇게 믿고 있으며
그렇게 믿고 싶어 하는 인간의 집단 무의식이
아직까지 남아있을 뿐입니다.

하늘은 누구를 위해 존재하지 않습니다.
하늘은 누구만을 위해 존재하지 않습니다.

하늘은 대우주에 질좋은 서비스를 제공하는 주체입니다.
하늘은 당신의 죄를 심판하기 위해 존재하지 않습니다.
하늘은 인간의 죄를 심판하기 위해 존재하지 않습니다.

하늘은 대우주에 질 좋은 서비스가 지속적으로 제공될 수 있도록
관리하고 운영하는 주체일 뿐입니다.

하늘은 누구의 하늘이 아닌 우리 모두의 하늘입니다.

하늘은 누구만을 위한 하늘이 아닌
우리 모두의 하늘이 아닌 적이 한 번도 없었습니다.

하늘은 하늘 스스로 정한 그 길을
가고 있을 뿐입니다.

하늘 스스로 정한 그 길에
당신의 영혼이 초대되어 참여하며
하늘과 함께 동행하고 있을 뿐입니다.

하늘에서 비추는 햇살은 누구에게나 공평하지만
햇살을 받고 있는 인간은
나에게 내리는 햇살이 특별하다고
그렇게 믿고 싶어 할 뿐입니다.
우리에게 내리는 햇살이 특별하다고
그렇게 믿고 있을 뿐입니다.

나에게 비추는 햇살은 결코 특별하지 않습니다.
우리에게 비추는 햇살 또한 결코 특별하지 않습니다.
그렇게 믿고 싶어 하고
그렇게 생각하고 싶어 하는 당신의 생각이
큰 꿈(대몽)을 꾸고 있을 뿐입니다.

하늘은 우리 모두의 하늘입니다.

우리 모두는 하늘의 주인인 창조주께서 펼쳐놓은 의식의 마당에서
삼라만상의 물질의 세계에서
하늘이 제공하는 질좋은 서비스를 받고 있으며
하늘이 제공하는 질좋은 서비스에 참여하고 있는
영혼의 여행자들입니다.

당신에게 비추고 있는 햇살이 특별하지 않듯이
우리에게 비추고 있는 우리 햇살이 특별하지 않다는 것을
알아채고 눈치챔이 있어야
당신은 비로소 공평무사한 하늘을
만날 수 있을 것입니다.

하늘은 나만의 하늘로 존재하지 않습니다.
하늘은 우리 민족만을 위한 하늘로 존재할 수 없습니다.
하늘은 우리 모두의 하늘입니다.

이것이 하늘이 하늘다운 이유입니다.
당신의 건승을 빕니다.

하늘은 대우주에 질좋은 서비스를
제공하는 주체입니다

땅에 살고 있는 모든 생명체들은
행성의 생명유지 시스템과 연결되어 있습니다.
땅에 살고 있는 모든 생명체들은
하늘의 생명유지 시스템과 양백줄을 통해 연결되어 있습니다.
땅에 살고 있는 모든 생명체들은
하늘에 공평한 지분을 가지고 살고 있습니다.

하늘은 이 우주에 생명체를 공급하는 주체입니다.
하늘은 이 우주에 공급한 생명체를 관리하는 주체입니다.
하늘은 생명체의 외투를 입고 물질 체험을 하고 있는 영혼들에게
질좋은 서비스를 제공하는 주체입니다.

하늘에 의해 우주에 공급된 식물들은
대우주의 생명 순환 시스템속에서
생명력의 발산을 통해
식물체의 향락을 누리고 살고 있습니다.
하늘에 의해 우주에 공급된 식물들은
대우주의 생명 순환 시스템속에서
아름다운 꽃과 열매와 씨앗을 통해
우주에 질좋은 서비스를 제공하며 살아가고 있습니다.

하늘에 의해 우주에 공급된 동물들은

대우주의 생명 순환 시스템속에서

감정과 의식구현을 통해 생명체의 향락을 누리며 살고 있습니다.

하늘에 의해 우주에 공급된 동물들은

대우주의 생명 순환 시스템속에서

자신의 몸을 먹이로 제공함으로써

우주에 질좋은 서비스를 제공하며 살아가고 있습니다.

하늘에 의해 우주에 공급된 인간은

대우주의 생명 순환 시스템속에서

최고 수준의 감정과 최고 수준의 의식의 구현을 통해

생명체의 향락을 누리며 살고 있습니다.

하늘에 의해 우주에 공급된 인간은

대우주의 생명 순환 시스템속에서

우주의 질좋은 서비스를 받으며 살고 있으면서도

질좋은 서비스를 받고 있는 것도 모른 채

가장 불만과 불평이 많은 생명체로 살고 있습니다.

하늘에 의해 우주에 공급된 생명체 중에 유일하게 인간만이

대우주의 생명 순환 시스템과

윤회 시스템과 카르마 시스템을 통하여

생명체의 향락을 누리며 살고 있습니다.

하늘에 의해 우주에 공급된 생명체 중에 유일하게 인간만이

대우주의 생명 순환 시스템속에서

우주의 질좋은 서비스를 제공받으며 살고 있으면서도

질좋은 서비스를 더 많이 받지 못해
불평과 불만이 많은 생명체로 살고 있습니다.

우주에서 가장 높은 의식을 구현할 수 있는 인간은
하늘을 잃어버리고 살아가고 있습니다.
우주에서 가장 다양한 감정을 느낄 수 있는 인간은
하늘을 잊어버리고 살아가고 있습니다.
우주에서 가장 높은 수준의 질좋은 서비스를 제공받는 인간은
하늘의 전체의식과 분리되어 살아가고 있습니다.

카르마와 윤회 시스템속에서
영혼의 진화를 하고 있는 생명체들은
하늘의 전체의식과 분리되어 살아야 하는 것이
선천의 시대를 운영해왔던 우주의 법칙이었습니다.

카르마와 윤회 시스템속에서
영혼의 진화를 하고 있는 인간은
대우주의 전체의식과 분리된 채 살아갈 수밖에 없었습니다.
영혼이 인간의 육신의 옷을 입는 순간
하늘을 잃어버리고
하늘을 잊어버리고
자신이 누구인지도 모르고
어디에서 와서 어디로 가고 있는지도 모르는 채
하늘과 동행을 하며 살고 있으면서도
하늘의 존재를 알지 못한 채 살 수밖에 없었습니다.

선천의 시대는
하늘과 동행하며 살고 있었지만
하늘과의 소통이 단절된 채
하늘을 잃어버린 채
하늘의 존재를 망각하며 살아야 했던 시대입니다.

선천의 시대에 하늘은
보이지 않는 손으로 존재할 수밖에 없었습니다.
선천의 시대에 하늘은
우주에 서비스를 제공하는 공급자의 역할이 강했습니다.
선천의 시대에 하늘은
우주에 질좋은 서비스를 위해 참여자가 아닌
관리자와 관찰자의 역할이 강했습니다.

후천의 시대에
모든 생명체들은
하늘과의 소통속에
하늘과의 조율속에
하늘과 동행하며 살아야 하는 시대입니다.

후천의 시대를 열기 위해
창조주께서 땅으로 내려오셨습니다.

생명체들의 아픔과 고통을 함께하기 위해
생명체들의 아픔과 고통을 해결하기 위해

생명체들의 생명체의 향락의 질적인 향상을 위해
우주에 질좋은 서비스를 지속적으로 제공하기 위해
대우주의 진화의 수레바퀴를 계속 돌리기 위해
창조주께서 땅으로 내려오셨습니다.

후천의 시대에 모든 생명체들은
하늘과의 소통속에
하늘과의 조율속에
인간의 옷을 입고 있는
창조주와 동행하는 삶을 살게 될 것입니다.

이것이 하늘과의 동행이 갖는 우주적 의미입니다.

인류의 건승을 빕니다.

창조주의 아픈 손가락

지구 행성에 살고 있는 약 12%의 인류는
우주에서 원죄를 짓고 감옥행성인 지구 행성에서
우주의 카르마를 해소하고 있는 죄인들입니다.
당신들은 이 우주에서 창조주의 아픈 손가락입니다.

지구 행성에 살고 있는 약 4%의 인류는
개방형 은하에서 우주 해적으로 살다가
창조주에 의해 감옥행성인 지구 행성으로 끌려와
자신들의 카르마를 해소하고 있는 우주의 죄인들입니다.
당신들은 이 우주에서 창조주의 아프고 아픈 손가락입니다.

하늘은 지구 행성에 죄인의 신분으로 살고 있는 영혼그룹들의 몸에
행성의 카르마를 주홍글씨로 새겨 놓았습니다.
자신의 행성을 멸망으로 이끈 죄인들에게
행성이 멸망할 때 행성 주민들이 느꼈을
두려움과 공포의 감정들을 몸에 새겨 넣었으며
그 에너지를 느끼면서
카르마를 해소하며 살아가도록 하였습니다.

행성을 책임지고 운영했던 영단의 책임자들이
몸에 카르마를 새기고 태어나 고통속에 살고 있습니다.

행성의 멸망에 책임이 있는 영혼들이
몸에 카르마를 새기고 태어나 고통속에 살고 있습니다.

영단 관리자와 함께 그 해당 행성의 주민들은
서로 보이지 않는 카르마 에너지장으로 엮여 있습니다.
영단 관리자와 함께 그 해당 행성의 주민들은
똑같은 카르마 에너지장에 의해 집단으로 묶여 있습니다.

영단 관리자의 몸에 새겨 놓은 행성의 카르마가 해소되어야
행성 주민들에게 하늘이 보이지 않게 걸어둔
집단 카르마 에너지장이 풀어질 수 있습니다.
영단 관리자의 몸에 새겨진 행성의 카르마가 해소되어야
행성 주민들의 카르마 역시 해소될 수 있습니다.
영단 관리자의 몸에 새겨진 행성의 카르마가 해소되어야
외계 행성에서 온 영혼들의 의식이 깨어날 수 있습니다.

영단 관리자의 몸에 새겨진 행성의 카르마가 먼저 해소되어야
행성 주민들이 겪고 있는
우울증이나 감정장애와 정신분열 등이 해소될 수 있습니다.
영단 관리자의 몸에 새겨진 행성의 카르마가 먼저 해소되어야
연좌제로 묶여 있는 행성 주민들의 카르마가 해소될 수 있습니다.
영단 관리자의 몸에 새겨진 행성의 카르마가 해소되어야
행성 주민들의 의식이 깨어나
격변의 시대에 살아남아서
안전지대인 역장 안으로 들어올 수 있습니다.

2020년 7월 27일부터
지상으로 내려온 창조주의 중심의식에 의해
외계 행성에서 온 영혼 그룹들의
행성 카르마의 해소가 시작되었습니다.

2020년 7월 27일부터
지상으로 내려온 창조주의 중심의식에 의해
외계 행성에서 온 영혼 그룹들은
각자 행성의 타임라인에 따라
행성의 카르마들이 해소되었습니다.

2020년 7월 27일부터
행성의 카르마들은 다음과 같이 해소되기 시작하였습니다.

A그룹

행성 카르마가 100% 해소되는 영혼 그룹이 있습니다.
주로 행성의 멸망에 단순 가담한 행성 주민들이 해당됩니다.
우주 해적인 경우는 우주 해적 중 일반 영혼 그룹이 해당됩니다.

B그룹

행성 카르마가 90% 해소되는 영혼 그룹입니다.
행성의 멸망에 책임이 있는 중간 간부의 역할을 한 영혼 그룹이
여기에 해당됩니다.
우주 해적인 경우는 지휘부에 속한 일반 영혼 그룹이 해당됩니다.

C그룹

행성 카르마가 76% 해소되는 영혼 그룹입니다.
행성의 멸망에 가장 책임이 큰
영단의 최고 관리자 그룹이 여기에 해당됩니다.
우주 해적인 경우는 지휘부에 속한 영단 관리자 그룹이
여기에 해당됩니다.

2020년 7월 27일

행성 카르마의 해소와 함께
지구 행성은 우주의 감옥행성을 벗어나게 됩니다.
행성 카르마의 해소와 함께
우주에서 길을 잃은 탕자들이 집으로 돌아올 수 있는
하늘의 문이 열릴 것입니다.
행성 카르마들의 해소와 함께
아프고 아픈 우주의 역사가 이제 마무리되고
새로운 우주의 역사가 펼쳐질 것입니다.

외계 행성에서 온 영혼들뿐만 아니라
그들의 지구에서의 삶을 위해
그들의 카르마 해소를 위해
희생한 빛의 일꾼들과 일반 영혼들에게도
고마움과 감사함을 전합니다.

우주의 그 질기고 질긴 카르마의 고리들이 풀리면서
화해의 시간이 시작될 것입니다.

행성 영단의 관리자와 행성 주민들 사이에서
행성과 행성의 주민들 사이에서
항성과 항성의 영혼들 사이에서
은하와 은하의 영혼들 사이에서
서로가 서로를 이해하고 용서하고 화해할 수 있는 시간들이
안전지대인 역장 안에서 주어질 것입니다.

외계 행성에서 온 영혼 그룹들의 행성 카르마의 해소를
축하드립니다.
외계 행성에서 온 영혼들의 모순과 고통의 원인인
행성 카르마 해소를 축하드립니다.
외계 행성에서 온 영혼들의 의식의 깨어남을 축하드립니다.

당신들은 영혼의 여행에서 길을 잃고 헤메다
이제야 집으로 돌아왔습니다.
당신들은 집을 나간 탕자가 집으로 되돌아오듯
집으로 돌아오고 있는 창조주의 귀한 자녀들입니다.

당신들은 백 마리 양중에 길을 잃은 한 마리의 양입니다.
당신들은 창조주의 아픈 손가락입니다.
당신들의 희생이 있었기에
당신들의 시행착오가 있었기에
당신들의 과오가 있었기에
우주는 아픈 만큼 진화할 수 있었습니다.

당신들은 창조주의 귀하고 귀한 자녀들입니다.
당신들은 우주의 자산이며 우주의 보물들입니다.
당신들의 집으로의 귀향을 축하드립니다.

기쁘고 기쁜 하늘 소식을 전합니다.

그동안 참 고생 많으셨습니다.
그동안 참 수고하셨습니다.

하늘을 안다는 것은

하늘을 안다는 것은
내가 누구인지를 아는 것입니다.
하늘을 안다는 것은
내가 어디에서 왔으며 어디로 가고 있는지를 아는 것입니다.
하늘을 안다는 것은
내가 어떻게 살아야 하는지를 그냥 아는 것입니다.

하늘을 안다는 것은
하늘을 가슴에 품고 사는 것입니다.
하늘을 안다는 것은
하늘의 마음을 가슴에 품고 사는 것입니다.
하늘을 안다는 것은
모두가 하늘의 마음을 품고 있다는 것을 아는 것입니다.

하늘을 안다는 것은
땅에 있는 모든 것은 하늘에서 온 것이라는 것을 아는 것입니다.
하늘을 안다는 것은
선한 것의 기원은 모두 하늘에서 온 것이라는 것을 아는 것입니다.
하늘을 안다는 것은
악한 것의 기원은 모두 하늘에서 온 것이라는 것을 아는 것입니다.

하늘을 안다는 것은
하늘이 있기에 땅이 존재할 수 있음을 아는 것입니다.
하늘을 안다는 것은
하늘의 계획이 있기에
땅에서 그 펼쳐짐이 있음을 아는 것입니다.
하늘을 안다는 것은
하늘의 도가 있기에 땅에 덕이 있어야 함을 아는 것입니다.

하늘을 안다는 것은
우주는 파워게임임을 아는 것입니다.
하늘을 안다는 것은
땅에 있는 모든 것들의 원형이 존재하는
하늘의 차원이 있음을 아는 것입니다.
하늘을 안다는 것은
눈에 보이지 않는 하늘의 세계와
눈에 보이는 땅의 세계로 되어있음을 아는 것입니다.

하늘을 안다는 것은
우주는 차원으로 존재하고 있음을 아는 것입니다.
하늘을 안다는 것은
우주는 시스템으로 운영되고 있음을 아는 것입니다.
하늘을 안다는 것은
하늘은 우주의 시스템을 운영하는 에너지체인
천사들에 의해 운영되고 있음을 아는 것입니다.

하늘을 안다는 것은
우주는 비물질세계와 물질세계로 운영되고 있으며
차원 관리자들에 의해 관리되고 있음을 아는 것입니다.
하늘을 안다는 것은
우주에 우연히 존재하는 것은 없으며
모든 것은 우주의 인연법속에 있다는 것을 아는 것입니다.
하늘을 안다는 것은
영혼의 물질 체험이 하늘의 관리와 통제속에
진행되고 있음을 아는 것입니다.

하늘을 안다는 것은
아바타인 내가 이곳에 없다면
상위자아나 본영도 이곳에 존재할 수 없음을 아는 것입니다.
하늘을 안다는 것은
본영이 없다면 아바타인 나 역시
이곳에 존재할 수 없음을 아는 것입니다.
하늘을 안다는 것은
내가 지금 이곳에 살고 있다는 것은
상위자아와 본영이
나와 함께 동행하고 있음을 아는 것입니다.

하늘을 안다는 것은
내가 지금 살아있는 이유가
하늘에 나의 지분이 있기 때문임을 아는 것입니다.

하늘을 안다는 것은
내가 지금 이 모양 이 꼴로 살고 있는 이유가
하늘과 내 영혼 사이에 약속 때문이라는 것을 아는 것입니다.

대우주의 구조를 알아야
하늘의 진리를 안다고 말할 수 있습니다.
대우주의 순행 원리를 알아야
하늘의 마음을 안다고 말할 수 있습니다.
대우주가 운영되는 원리를 알아야
하늘의 뜻을 땅에서 펼치는
빛의 일꾼이라고 말할 수 있습니다.

하늘을 안다는 것은
인간은 자신의 의식 수준에서
하늘을 이해할 수밖에 없음을 아는 것입니다.
하늘을 안다는 것은
이 우주에서 잘못되는 것은 아무것도 없다는 것을 아는 것입니다.

우주는 너무나 크고 광활하기에
인간의 언어로 우주의 진리를 담기는 어렵습니다.
우주의 진리를 이야기할 때는
우주의 아픈 사연들을 전할 때는
목소리를 낮추어 이야기로 전할 수밖에 없습니다.
우주를 안다는 것은
이 우주는 이야기로 되어있음을 아는 것입니다.

이 글을 읽고 있는 당신은
하늘을 얼마나 알고 있다고 생각하십니까?
이 글을 읽고 있는 당신은
우주의 이야기를 얼마나 알고 있으십니까?

하늘을 알아야 하늘 사람입니다.
하늘을 알아야 땅에서 하늘일을 할 수 있습니다.
하늘을 알아야
하늘의 뜻을 땅에 펼치는 빛의 일꾼이 될 수 있습니다.

우주를 알아야 하늘 사람입니다.
우주의 진리를 알아야
후천의 하늘을 열 수 있습니다.
우주의 진리와 공명할 수 있어야
지상으로 내려온 창조주와 동행할 수 있습니다.

의식이 깨어나고 있는 하늘 사람들의 건승을 빕니다.
의식이 깨어나고 있는 빛의 일꾼들의 건승을 빕니다.

당신이 하늘 사람이라는 증거
하늘 사람이 가야하는 길

이 세상에 태어나 살고 있는 모든 사람들은
창조주의 조물작용에 의해
천부인권을 부여받고 태어나
아무것도 모르는 채
영혼의 물질 체험을 하고 있는
하늘 사람입니다.

이 세상에 태어나 살고 있는 모든 사람들은
창조주의 조물작용에 의해
천부인권을 부여받고 태어나
아무것도 모르는 채
영혼의 물질 체험을 하고 있는
땅의 사람입니다.

이 세상에 태어나 살고 있는 모든 사람들은
7개의 생명선을 통해
하늘과 연결되어
아무것도 모르는 채
영혼마다 고유한 영혼의 물질 체험을 하고 있는
귀하고 귀한 하늘 사람들입니다.

이 세상에 태어나 살고 있는 모든 사람들은
7개의 양백줄(생명선)을 통해
지구 행성의 생명유지 시스템과 연결되어
아무것도 모르는 채
영혼마다 고유한 영혼의 진화를 위해 태어나 살고 있는
땅의 사람들입니다.

이 세상에 태어나 살고 있는 모든 사람들은
7개의 양백줄을 통해
눈에 보이지 않는 하늘과 연결되어 있습니다.
이 세상에 태어나 살고 있는 모든 사람들은
눈에 보이지 않는 지구 행성의 생명유지 시스템에 연결되어 있는
하늘의 마음과 동행하고 있는
하늘 사람인 동시에 땅의 사람입니다.

영혼마다 창조된 이유가 다릅니다.
영혼마다 진화의 여정이 다릅니다.
영혼마다 부여된 달란트가 다릅니다.
영혼마다 지구 행성으로 온 고향이 다릅니다.
영혼마다 지구 행성으로 온 이유가 다릅니다.

지구 행성의 차원상승이 시작되었습니다.
지구 행성의 선천시대가 마무리되고 있습니다.
지구 행성에 사회적 대격변이 시작되었습니다.
지구 행성에 대자연의 격변을 앞두고 있습니다.

지구 행성에 하늘이
영혼들의 물질 체험을 위해 설치해 놓은
물질 매트릭스들의 철거가 시작되었습니다.

제일 먼저 정치와 사회 혼란과 함께
정치 체제의 붕괴들과 함께
경제 대공황과 함께 경제 매트릭스들이
하늘에 의해 해체될 것입니다.
아마겟돈의 상황과 척신난동의 시작과 함께
다양한 종교 매트릭스들이
하늘에 의해 해체될 것입니다.
마지막으로 바이러스 난의 세계적 창궐을 통해
의료 매트릭스들이 해체될 것입니다.

지구 행성의 차원상승과 격변의 상황에서
많은 사람들이 육신의 옷을 벗고
지구 행성을 떠날 예정입니다.
영혼마다 지구 행성을 떠나 가야할 곳이 다릅니다.
영혼마다 지구 행성을 떠나 머무를 행성이 다릅니다.
영혼마다 지구 행성을 떠나
영혼의 물질 체험이 예정된 행성들이 다릅니다.

지구 행성의 차원상승의 과정에서
지구 행성을 떠나는 영혼들은
지옥이나 천당으로 가지 않습니다.

지구 행성의 차원상승의 과정에서
지구 행성을 떠나는 영혼들의 약 73%는
금성의 영단으로 입식되어
영혼의 물질 체험을 하게 될 예정입니다.

지구 행성의 차원상승 과정에서
지구 행성을 떠나는 영혼들 중 약 5%는
자신들의 우주적 카르마를 모두 해소하고
자신들의 고향별로 돌아갈 예정입니다.

지구 행성의 차원상승 과정에서
지구 행성을 떠나는 영혼들 중 약 5%는
자신들의 우주적 카르마를 모두 해소하고
우주의 법정에서 영혼이 소멸되는 판정을 받게 될 예정입니다.

지구 행성의 차원상승 과정에서
지구 행성을 떠나지 못하는 영혼들 중 약 5%는
자신들의 우주적 카르마를 모두 해소할 때까지
지구 행성을 한 발짝도 떠나지 못할 것입니다.

지구 행성의 차원상승 과정에서
지구 행성의 영단에서
영혼의 물질 체험을 계속 하게 될 영혼들은
약 12% 정도 될 예정입니다.

영혼과 영혼 사이에 이별이 시작되었습니다.
사람과 사람 사이에 이별이 시작되었습니다.
가족과 가족 사이에 이별이 시작되었습니다.

모든 영혼들은 하늘에서 왔습니다.
모든 사람들은 하늘에서 왔습니다.
모든 사람들은 하늘 사람입니다.
모든 사람들은 땅의 사람입니다.

하늘의 아픔이 시작되었습니다.
땅의 고통과 슬픔이 시작되었습니다.

하늘 사람들의 운명이
하늘에 의해 결정되었습니다.
하늘 사람들은 자신이 있어야 할 곳에
하늘 사람들 모두는
자신이 가야 할 곳으로 가야 하는 것이
하늘 사람들의 운명입니다.

땅의 사람들의 운명이
하늘에 의해 집행될 것입니다.
땅의 아픔과 함께
땅의 사람들의 이별이 시작되었습니다.

당신은 참 소중한 하늘 사람이었습니다.

하늘 사람인 당신은
하늘 스스로 정한 그 길에서 아무것도 모르는 채
당신 영혼의 진화를 위해 영혼의 물질 체험을 하면서
하늘 사람인 당신이 땅의 사람으로 살아왔습니다.

당신은 참 아름다운 하늘 사람이었습니다.
당신은 참 아름다운 땅의 사람이었습니다.
당신은 있어야 할 곳에 있게 될 것입니다.
당신은 가야할 곳으로 가게 될 것입니다.

이별을 앞두고 있는 모든 인류에게
그동안 수고했다고
그동안 고생 많았다고
하늘을 대신하여 우데카 팀장이
고마움과 감사함을 전합니다.

하늘 사람인 당신에게
아무것도 잘못되는 것은 없을 것입니다.
하늘 사람인 당신의 영혼에게
이 우주에서 잘못되는 것은 아무것도 없을 것입니다.

하늘 사람인 당신의 건승을 빕니다.

말하지 않아도 알아요

말하지 않으면 모릅니다.
말하지 않으면 아무도 모릅니다.
말하지 않으면 아무도 당신의 마음을 모릅니다.

말하지 않으면 비밀이 됩니다.
말하지 않으면 당신만 아는 비밀이 됩니다.
말하지 않으면 아무도 모르는 비밀이 됩니다.

말하지 않으면 아픔이 됩니다.
말하지 않으면 당신만의 아픔이 됩니다.
말하지 않으면 아무도 모르는 상처가 됩니다.

말하지 않으면 이해가 안 됩니다.
말하지 않으면 이해가 안 되면 오해가 됩니다.
말하지 않으면 오해로 인하여 미움이 생겨납니다.

말하지 않아도 알아요.
말하지 않아도 나는 알아요.
말하지 않아도 나는 당신의 마음을 알아요.

말하지 않아도 알아요.
말하지 않아도 우리는 서로 그냥 알아요.
말하지 않아도 우리는 서로 느낄 수 있어요.

말하지 않아도 알아요.
말하지 않아도 알아요. 마음과 마음이 주고받는 밀어를
말하지 않아도 알아요. 마음과 마음이 주고받는 에너지를

말하지 않아도 알아요.
말하지 않아도 알아요. 그대의 마음이 향하는 곳을
말하지 않아도 알아요. 그대의 마음이 머무는 곳을

말하지 않아도 알아요.
말하지 않아도 알아요. 당신의 마음을
말하지 않아도 알아요. 당신의 생각을

말하지 않아도 알아요.
말하지 않아도 알아요. 내가 있어야 할 곳을
말하지 않아도 알아요. 내가 가야할 곳이 어딘지

말하지 않아도 알아요.
말하지 않아도 알아요. 당신이 있어야 할 곳이 어디인지

말하지 않아도 알아요. 당신이 가야할 곳이 어디인지

말하지 않아도 알아요.
말하지 않아도 알아요. 당신이 무엇을 해야 하는지
말하지 않아도 알아요. 당신과 내가 무엇을 해야 하는지

말하지 않아도 알아요.
말하지 않아도 알아요. 당신은 내가 누구인지
말하지 않아도 알아요. 당신과 내가 무엇을 해야 하는지

말하지 않아도 알아요.
말하지 않아도 알아요. 나는 당신이 누구인지
말하지 않아도 알아요. 나는 당신이 왜 그곳에서 서성이고 있는지

말하지 않아도 알아요.
말하지 않아도 알아요. 당신이 하늘의 마음을 품고 있다는 것을
말하지 않아도 알아요. 당신에게 진리의 씨앗이 있다는 것을

말하지 않아도 알아요.
말하지 않아도 알아요. 당신이 진리를 찾고 있다는 것을
말하지 않아도 알아요. 당신이 진리에 공명하고 있다는 것을

말하지 않아도 알아요.
말하지 않아도 알아요. 나의 신랑과 신부들을
말하지 않아도 알아요. 신랑과 신부들이 준비되었다는 것을

말하지 않아도 알아요.
말하지 않아도 알아요. 약속의 때가 지금이라는 것을
말하지 않아도 알아요. 약속의 때가 지금 시작되었다는 것을
말하지 않아도 알아요. 그때가 지금이라는 것을
말하지 않아도 알아요. 그때가 시작되었다는 것을

말하지 않아도 알아요.
우리는 처음부터 분리된 적이 없으니까요.

말하지 않아도 그냥 알아요.
우리는 처음부터 하나였으니까요.

2022년 8월
우데카

개벽의 시대와 환란의 시대

2023년 2월 1일 초판 1쇄 인쇄
2023년 2월 6일 초판 1쇄 펴냄

지은이 | 우데카
펴낸이 | 가이아

펴낸곳 | 빛의 생명나무
등   록 | 2015년 8월 11일 제 2015-000028호
주   소 | 충북 청주시 청원구 직지대로 855 2층
전   화 | 043-223-7321
팩   스 | 043-223-7771

ISBN 979-11-89980-15-3 03200
•잘못된 책은 바꾸어 드립니다.   •책값은 뒤표지에 있습니다.